すぐに役立つ
国語表現

国語表現法研究会 編

学術図書出版社

はしがき

小学校・中学校・高等学校の教育課程を修了して来た人々にとって国語で表現するということには何も困難を感じることはないはずである。しかし、実際のところ、特に文章で表現するという場合には色々な問題が残っていることは多くの人々によって認められているところであろう。これは高等学校から種々の学校に進学した人々にとっても同様であり、その意味から特にそういう人たちに適した手引書の必要が指摘されるようになった。そういう要望に答えるために本研究会はここに本書を編纂することとしたのである。本書が本会の前著『大学生のための国語表現』に多くのものを得ていることはいうまでもないが、さらに本書の有能な教授者によってたしかな効果をあげるようになることを心から祈りたい。

なお、本書の編纂については主として愛知峰子、池村奈代美、大橋和華、掛布景子、杉本和弘、永田典子、藤掛和美があたった。又、表紙の絵は藤掛留美子氏の御好意によるものである。

平成二年十月六日

植松　茂

目次

第一章 文章表現

一 用字……二
㈠ ローマ字……二
㈡ 仮名……四
a 仮名遣い……四
b 送り仮名……五
㈢ 漢字……八
a 難読語……八
b 同音異義語・同訓異義語・類義語など……一〇
c 相似字形……一一

二 用語……一二
㈠ 反対語・対照語……一二
㈡ 四字熟語……一四
㈢ 諺……一六
㈣ 重複表現（重ね言葉）……一八
㈤ 慣用句……二〇
㈥ 用語の心得……二一

三　表現技術……二三
㈠　文章の構成……二三
㈡　文章の要素……二七
㈢　語　法……二九
a　文体の統一……二九
b　主語と述語……三二
c　修飾語と被修飾語……三七
d　句読点……四一
e　ダラダラ文……四三
f　敬語……四五
㈣　原稿用紙の使い方……四九
㈤　手紙の書き方……五三
a　手紙の形式……五三
b　手紙のマナー……五四
c　封筒の書き方……五五
d　返信用葉書の書き方……五五

第二章　口頭表現

一　話しことば……六二
㈠　話しことばの特徴……六二
㈡　話し方の基礎……六二

㈢ 話の形式……六六
二 スピーチ……六八
㈠ 自己紹介……六八
㈡ 披露宴でのスピーチ……七〇
㈢ 口頭発表……七一
三 電　話……七二
㈠ かけるマナー……七二
㈡ 受けるマナー……七二

第一章　文章表現

一　用字

日本語で書かれた文章には、実に様々な文字や記号が使われている。一般には、漢字と仮名とが併用されるが、その仮名にも平仮名とカタカナの二種類がある。他に、ローマ字や数字もあり、およそ使われない文字•記号がないとさえいえる。とはいえ、「用字」としては表意文字の漢字と表音文字の仮名が主体で、他は補助的なものであろう。ただ、近年のワープロ・パソコンの普及によって、ローマ字を用字として使用することが頻繁になってきた。

そこで、ローマ字・仮名・漢字という三種、あるいは四種の用字の使用について、練習問題を通して確認していきたい。

㈠　ローマ字

ローマ字表記は、子音と母音との組み合わせによって一つの音韻を表す、表音文字である。その表記には、「訓令式」と「ヘボン式（標準式とも）」の二つがある。それぞれについては、表1・2を参照のこと。（㊟ローマ字入力が広く行われているワープロ•パソコンでは、機種によって独自の表記が可能なものもある。）この、「訓令式」と「ヘボン式」との違いは、使用する子音の違いといえる。いいかえると、音韻と音声の違いである。

ローマ字表記の際に注意することは、促音•拗音の表し方である。「しゅっちょう（出張）」「いっしょう（一生）」のように、促音と拗音とが連続する場合に気をつけたい。

さて、ここで問題を一つ。

促音は、仮名の場合「っ・ッ」という一つの仮名で表記する。それに対して、ローマ字の場合、促音専用の文字というものがない。たとえば、「言った」は「itta」、「学校」は「gakko」のように、促音に続く子音をさらにひとつ重ねて表記する。これは、どうしてであろうか。

問一　次の語句をA訓令式(第1表)、Bヘボン式のローマ字表記で書きなさい。

①　東京　②　社会　③　現状
④　出発　⑤　分業　⑥　兄
⑦　安易　⑧　人員　⑨　深夜
⑩　寛容

問二　次のヘボン式ローマ字表記にあたる日本語をそれぞれ三語ずつ答えなさい。

①　kôkô　（　　　）
②　tôshi　（　　　）
③　kôyû　（　　　）
④　kôri　（　　　）
⑤　hêki　（　　　）

3　1　用　　　字

表1　訓令式

第1表

a	i	u	e	o			
ka	ki	ku	ke	ko	kya	kyu	kyo
sa	si	su	se	so	sya	syu	syo
ta	ti	tu	te	to	tya	tyu	tyo
na	ni	nu	ne	no	nya	nyu	nyo
ha	hi	hu	he	ho	hya	hyu	hyo
ma	mi	mu	me	mo	mya	myu	myo
ya	(i)	yu	(e)	yo			
ra	ri	ru	re	ro	rya	ryu	ryo
wa	(i)	(u)	(e)	(o)			
ga	gi	gu	ge	go	gya	gyu	gyo
za	zi	zu	ze	zo	zya	zyu	zyo
da	(zi)	(zu)	de	do	(zya)	(zyu)	(zyo)
ba	bi	bu	be	bo	bya	byu	byo
pa	pi	pu	pe	po	pya	pyu	pyo

第2表

sha	shi	shu	sho	
		tsu		
cha	chi	chu	cho	
		fu		
ja	ji	ju	jo	
di	du	dya	dyu	dyo
kwa				
gwa				
				wo

表2　訓令式（第1表）とヘボン式（標準式）でのつづり方の対照表
（表上段・訓令式，下段・ヘボン式。つづりの異なるもののみ）

サ行	sa	si	su	se	so	sya	syu	syo
		shi				sha	shu	sho
ザ行	za	zi	zu	ze	zo	zya	zyu	zyo
		ji				ja	ju	jo
タ行	ta	ti	tu	te	to	tya	tyu	tyo
		chi	tsu			cha	chu	cho
ダ行	da	(zi)	(zu)	de	do	(zya)	(zyu)	(zyo)
		ji				ja	ju	jo
ハ行	ha	hi	hu	he	ho			
			fu					
撥音	すべてn							
	p, b, m の前は m、その他は n							
促音	直後の子音を重ねる							
	ch の前は t を付け、その他は訓令式と同じ							

(二) 仮 名

仮名には、ひらがなとカタカナとがある。仮名は、ローマ字と同じく表音文字だが、一つの文字で一つの音韻を表すのが原則である。したがって、仮名さえ書ければ、一応日本語で文章を書くことができる。事実、平安時代の女流文学は仮名ばかりで、漢字はほとんど使われていない。

かといって、現代においても仮名ばかりで文章を書いていられるというものではない。カタカナ書きしかできなかった、かつての電報を例に出すまでもなく、仮名ばかりの文章はかえって読みにくい。

——やまみちをのぼりながらこうかんがえた。ちにはたらけばかどがたつ。じょうにさおさせばながされる。いじをとおせばきゅうくつだ。とかくにひとのよはすみにくい。——これは、夏目漱石の小説『草枕』の冒頭である。現代仮名遣いにしてあるが、それでも読みにくいのではないか。また、意味を取り違える可能性もある（たとえば、「ちにはたらけば」は、「地に働けば」ではなく、「智に働けば」である）。

文章は、書き手の都合ではなく、読み手の都合を考えて書かれなければならない。読み手が読みやすい文章、読み違えることのない文章が、よい文章である。そのためには、適当に漢字をまぜて書くことも必要となる。

さて、問題を仮名に限ると、この用字の使用に際しては、「仮名遣い」と「送りがな」に注意しなければならない。

a 仮名遣い

仮名は、表音文字ではあるが、現代の発音（音声）の通りではない。このことは、助詞の「は・を」がわかりやすい例であろう。もちろん、仮名も使用された当初は、発音通りに書いていればよかったのである。一つの音韻に一つの仮名文字が対応していたからである。ところが、文字と違い、発音は変化していく。平安時代の中頃には、すでに文字と音韻とが一対一の対応でなくなってしまった。そこに、「仮名遣い」という意識が生まれてくる。

「仮名遣い」の歴史については、ここで立ち入らないが、「現代仮名遣い」以前に行われていた「歴史的仮名遣い」は、発音という面よりも、語の成り立ちという面が重視されていた。また、音韻的には、平安時代のそれを基にしたため、実際の発音や音韻との隔たりは大きなものとなった。

そこで、より表音的な仮名遣いとして、昭和二一年に「現代かなづかい」が公布され、更に昭和六一年「現代仮名遣い」として改訂される。主なところを次に挙げる。

(1) [o] [wa] [e] と発音されても、助詞だけは「お」「わ」「え」と書かず、「を」「は」「へ」と書く。（例　資格取得を目的に私は専門学校へ行く。）

(2) [dzi] [dzu] は「じ」「ず」と書くが、本来「ち」「つ」でありながら、㋐ 二語の連接の結果、または、㋑ 同音連呼の結果、濁音となったものは、「ぢ」「づ」と書く。（例㋐ はなぢ——鼻血、かんづめ——缶詰　㋑ ちぢむ——縮む、つづく

——続く）

ここでの注意点は、第一に、漢字から見て「ぢ」「づ」と書かれそうな「生地」「地図」なども、漢字自体に［dzi］［dzu］という音がある場合は、二語の連接と見なされないため、「じ」「ず」と書くこと。第二に、二語の連接という意識が薄くなっていると解釈された、「家中」「稲妻」などは、「いえじゅう」「いなずま」と書き、「いえぢゅう」「いなづま」は「許容」とされていることである。

(3) オ列長音は、「おとうさん」「きょうしつ（教室）」のように「う」で書くが、歴史的仮名遣いで「ほ」と表記されていた、「遠い」「大きい」のようなものは、「とおい」「おおきい」と、「お」で書く。

(4) 「言う」は、「ゆう」ではなく「いう」と書く。

右に挙げたように、「より表音的」になったとはいえ、「完全に表音的な」ものではない。先にあげた「は・を」のように、「表音的」であることより、「読みやすい」ことを優先させた部分もある。「みかづき（三日月）」のように、語の成り立ちという面を全く無視しているわけでもない。つまり、表音的ではない「例外」もあるということである。したがって、そうした例外や問題点について、知っておく必要がある。なぜなら、文章を書く上で重要なことだからだ。殊にワープロ・パソコンの使用が頻繁になったことで、これまではあまり気にならなかった漢字の仮名遣いが問題になってくる。手書きの場合、「仮名遣い」と漢字で書いてしまえば、それが「かなづかい」なのか「かなずかい」なのかは、問題にならない。ところが、ワープロで「かなずかい」と入力すると、「仮名図解」となりかねない。そこで、「知っていて当たり前」「わかりきったこと」と思っても、一度確認しておこう。

ところで、発音や音韻が変化するものであることは、今も変わらぬ事実である。戦後まもなく公布された「現代かなづかい」が、昭和六一年に一部改訂されていることからも、それは知ることができる。「現代仮名遣い」が、表音的な仮名遣いであることを原則とするかぎり、今後も改訂されるだろう。日常生活に欠かせない文字の使い方である。「今」どういう表記法が標準的なものなのか。いつも気にかけていたい。

b 送り仮名

現代仮名遣いにおいて、公布という形で原則・例外が示されているように、送り仮名も、昭和三四年「送りがなのつけ方」が公布されている。これを整理改訂した「送り仮名の付け方」が、昭和四八年に公布され、本則・例外・許容の別が設けられた。その内容については、参考資料1として挙げておく。送り仮名は、元来「漢字だけで書くと、読みにくかったり、誤読されたりする心配がある語」や、「漢字だけでは書けない語」の、漢字部分の下につけられたものである。したがって、「読みやすく」「読み間違えられない」ように書くという、文章表現の姿勢を忘れずにいることが、第一であろう。

参考資料1「送り仮名の付け方」

（昭和四八年六月十八日告示のものをもとに要約）

通則1 活用語は活用語尾を送る。

例 書く 助ける 荒い 素直だ

ただし、次のものは除く。

① 語幹が「し」で終わる形容詞は、「し」から送る。

例 著しい 惜しい 悔しい

② 活用語尾の前に「か」「やか」「らか」を含む形容動詞は、その音節から送る。

例 静かだ 穏やかだ 明らかだ

③ 次の語は活用語尾の前の音節から送る。

例 味わう 哀れむ 脅かす 異なる 明るい 小さい 少ない 幸せだ 逆らう 和らぐ 冷たい

④ 語幹と活用語尾との区別がつかない動詞は、たとえば「着る」「寝る」「来る」などのように送る。

《許容》次の語は、（ ）の中に示すように、活用語尾の前の音節から送ることができる。

例 表す（表わす） 著す（著わす） 現れる（現われる） 行う（行なう） 断る（断わる） 賜る（賜わる）

通則2 活用語尾以外の部分に他の語を含む語は、含まれている語の送り仮名の付け方で送る。

① 動詞の活用形または、それに準ずるものを含むもの。

例 動かす［動く］ 語らう［語る］ 勇ましい［勇む］

② 形容詞・形容動詞の語幹を含むもの。

例 重んずる［重い］ 細かい［細かだ］

③ 名詞を含むもの。

例 汗ばむ［汗］ 先んずる［先］ 後ろめたい［後ろ］

《許容》読み間違えるおそれのない場合は、活用語尾以外の部分について、次の（ ）の中に示すように、送り仮名を省くことができる。

例 浮かぶ（浮ぶ） 起こる（起る） 落とす（落す）

通則3 名詞（通則4を適用する語を除く）は、送り仮名を付けない。

例 花 鳥 風 月 男 女

《例外》

① 次の語は最後の音節を送る。

例 辺り 勢い 後ろ 幸い 半ば 情け 自ら

② 数をかぞえる「つ」を含む名詞は、その「つ」を送る。

例 一つ 二つ 幾つ

通則4 活用のある語から転じた名詞及び活用のある語に「さ」「み」「げ」などの接尾語がついて名詞になったものは、もとの語の送り仮名の付け方によって送る。

例 動き 初め 暑さ 明るみ 惜しげ

《例外》次の語は送り仮名を付けない。

例 話 謡 趣 氷 印 頂 帯 畳 光 次

《許容》読み間違えるおそれのない場合は、次の（ ）の中に示すように、送り仮名を省くことができる。

例　曇り（曇）　届け（届）　晴れ（晴）　祭り（祭）

通則5　副詞・連体詞・接続詞は、最後の音節を送る。

例　必ず　少し　去る　来る　及び　但し

《例外》

①　次の語は、次に示すように送る。

例　明るく　大いに　直ちに　並びに　若しくは

②　次の語は、送り仮名を付けない。

例　又

③　次のように、他の語を含む語は、含まれている語の送り仮名の付け方によって送る。

例　従って［従う］　例えば［例える］　必ずしも［必ず］

通則6　複合の語（通則7を適用する語を除く）の送り仮名は、その複合の語を書き表す漢字の、それぞれの音訓を用いた単独の語の送り仮名の付け方による。

例　書き抜く　待ち遠しい　石橋　後ろ姿

《許容》　読み間違えるおそれのない場合は、次の（　）の中に示すように、送り仮名を省くことができる。

例　打ち合わせる（打ち合せる・打合せる）

売り上げ（売上げ・売上）

通則7　複合の語のうち、次のような名詞は、慣用にしたがって、送り仮名を付けない。

①　特定の領域の語で、慣用が固定していると認められるもの。

例　関取　取締役……地位・身分・役職等の名

博多織　輪島塗……工芸品の名に用いられた「織・染・塗」等

書留　切手　小包　両替　割引……その他

②　一般に慣用が固定していると認められるもの。

例　木立　子守　試合　合図　場合　夕立　建物

問一　仮名遣いとして、正しいものを選びなさい。

①凍結（とうけつ・とおけつ）　④稲妻（いなづま・いなずま）　⑦唯一（ゆいつ・ゆいいつ）

②缶詰（かんずめ・かんづめ）　⑤融通（ゆうずう・ゆうづう）　⑧憂鬱（ゆううつ・ゆうつ）

③字面（じずら・じづら）　⑥豪雨（ごうう・ごおう）

問二　次の語句は、それぞれ同じ漢字を使います。送り仮名に傍線を付けなさい

①（陥）　a おちいる　b おとしいれる　④（冷）　a ひえる　b つめたい　⑦（上）　a あがる　b のぼる

②（細）　a ほそい　b こまかい　⑤（省）　a はぶく　b かえりみる　⑧（行）　a いく　b おこなう

③（覆）　a おおう　b くつがえる　⑥（汚）　a けがれ　b よごれ　⑨（速）　a はやい　b すみやか

㈢ 漢字

仮名について、「仮名遣い」や「送り仮名」の規則が公布されていたように、漢字についても「当用漢字表（昭和二一年）」が公布されている。これらは、総数約五万といわれる漢字を覚えることへの負担を軽減するために考えられた、漢字制限の形である。しかし、「当用」といっても、使用する漢字は使用者の仕事によって多種多様であるため、すべての分野の人を納得させる漢字表を作るのは、至難の業といえる。また、漢字表にない文字の部分を仮名書き（「まぜ書き」という）にしたために、かえって読みにくくなったり、読み違えたりすることが出てきた（「美しいし体」など）。あるいは、まぜ書きは美的感覚を損なうという意見もある。

そこで、「当用漢字補正案（昭和二九年）」、「新漢字表試案（昭和五二年）」を経て、昭和五六年に新たな「常用漢字表」が作られる。

この表は、従来のものより制限的な性格が弱まり、人名・固有名詞以外にあまり使われないものや、動植物の名称も多く取り入れられている。

現在でも、人名漢字の追加や削除は、新聞やテレビニュースで大きく取り扱われる。このことは、漢字制限の難しさと人々の漢字制限に対する関心の高さを、表していると言えるであろう。

a 難読語

漢字を使用という面から見ると、読めればいい漢字・読めて書けなければならない漢字・意味さえわかればいい漢字という分け方もできる。たとえば、「瓦斯」という漢語は読めればいい。なぜなら、この漢語を書かなければならない人が、それほど多くはないからだ。一方、テレビの野球中継でよく見かける「捕邪飛」のような語句は、意味がわかればいい。「キャッチャー・ファール・フライ」の略語だろうが、これを「ほじゃひ（?）」と読む人はいないだろう。

むろん、多くの漢字は読むことと書くことの両方の能力を必要とする。これと読めればいい漢字とをあわせて、「読む」ということについては、ワープロ・パソコンの普及によってひとつの問題が発生している。ワープロ・パソコンで文章を作成する場合、読めない文字は入力に手間がかかる。たとえば、さきほどの「瓦斯」という漢字の場合、「ガス」と読めればそれで問題はない。しかし、読めなかったとしたらどうか。「瓦」は「かわら」と読めたとして、「斯」はどう読むのか。

手書きの清書では発生しなかった問題が、ワープロを使うことで生じてきたといえる（もちろん、ワープロは清書機械ではないが）。ワープロ・パソコンによって、漢字能力が低くなるのではないか、あるいは、漢字を知らなくても困らなくなるのではないかとの意見がある。しかし、実際は、より高い漢字能力が必要とされるようになっているとも言えるのである。

問一 傍線部の漢字の読み仮名を答えなさい。

① 敵を侮ると痛い目にあう
② 慌てて忘れ物をした
③ 哀れな境遇
④ 非人道的な振る舞いに憤る
⑤ 潔い最期
⑥ 差が著しい
⑦ 母の慈しみ
⑧ 身分を偽る
⑨ お話を承る
⑩ お宅に伺う
⑪ 恭しく一礼する
⑫ 目上を敬う
⑬ 穏やかな春の日差し
⑭ 暴力に脅える
⑮ 義務を怠る
⑯ 惜しくも勝利を逃す
⑰ 昔の日々を顧みる
⑱ 罠に陥れる
⑲ 自らの非を省みる
⑳ 負けて悔しい

問二 次の漢字の読み仮名を答え、後にあげる短文の括弧の中へ適当な語を番号で入れなさい。

① 相殺 □　⑥ 示唆 □　⑪ 遊説 □　⑯ 稀有 □
② 出納 □　⑦ 成就 □　⑫ 反古 □　⑰ 市井 □
③ 更迭 □　⑧ 諮問 □　⑬ 斡旋 □　⑱ 匿名 □
④ 会釈 □　⑨ 風情 □　⑭ 捺印 □　⑲ 疾病 □
⑤ 逼迫 □　⑩ 由緒 □　⑮ 歪曲 □　⑳ 杜撰 □

a 約束を（　）にする
b （　）な手抜き工事
c 廊下で軽く（　）する
d それとなく（　）する
e 履歴書に（　）する
f （　）の学者
g 秋の（　）
h お互いの貸し借りで（　）する
i （　）に注意して健康にすごす
j 大臣の海外（　）
k 役員を（　）する
l 政府の（　）機関
m （　）な出来事
n 金銭（　）簿
o （　）で投稿する
p （　）正しい家柄
q 大願（　）
r 事実を（　）する
s アルバイトの（　）
t 財政が（　）する

b　同音異義語・同訓異義語・類義語など

――機能に以上が認められた場合は、もよりのサービス・センターまでご連絡ください。――もしも、取り扱い説明書にこんな誤記があったとしたら、その製品までが信用できなくなる。ところが、ワープロで文章を作っていると、意外に単純な誤りを犯してしまう。なまじ「漢字」で書かれてしまうためだろうか。先に、「読む」ことに関連して、漢字能力は必要とされているとしたが、「書く」ことについてもそれは、同様である。同音異義語・同訓異義語を区別するのは、人間の仕事なのだ。

もちろん、まだまだ手書きの文書は必要とされている。電話のメモひとつでも、そこに誤字があれば書いた者の能力が疑われる。いや、人柄すら判断されかねない。cの相似字形とあわせて、注意したい。

問一　次の漢字には複数の訓読みがあります。それぞれの読み方を答えなさい。

① a 通る　b 通う
② a 優しい　b 優れた
③ a 断つ　b 断る
④ a 著す　b 著しい
⑤ a 覆す　b 覆う
⑥ a 省く　b 省みる
⑦ a 開ける　b 開く
⑧ a 後の祭り　b 後ろ　c 後れる
⑨ a 傷む　b 傷口
⑩ a 気に入る　b 中に入る
⑪ a 凍る　b 凍える
⑫ a 閉める　b 閉じる
⑬ a 着く　b 着る
⑭ a 調える　b 調べる
⑮ a タクシーを止める　b 雨が止む
⑯ a 生け捕る　b 捕まる
⑰ a 治す　b 治める
⑱ a 上る　b 上がる
⑲ a 映る　b 夕映え
⑳ a 弾く　b 弾む

問二　次の（　）内に入る正しい熟語を選びなさい。

① 偉大な師の死を（哀惜　愛惜）する。
② 大声で（一括　一喝）する。
③ （異様　威容）を誇る摩天楼。
④ 医者の（誤診　誤審）。
⑤ （既製　既成）品で間に合わせる。
⑥ 人生の（岐路　帰路）に立つ。
⑦ 部長の（決裁　決済）を仰ぐ。
⑧ 哀れな（最後　最期）を遂げる。
⑨ トラックの（死角　視覚）に入る。
⑩ （指揮　士気）を鼓舞する。
⑪ 混乱を（収集　収拾）する。
⑫ （進入　侵入）禁止の標識。
⑬ 動機が（不順　不純）だ。
⑭ （不測　不足）の事態が発生。
⑮ カギを握る（不動　浮動）票の行方。
⑯ 映画（鑑賞　観賞）会を開く。
⑰ 首都圏だけに（偏在　遍在）する機能。
⑱ （優秀　有終）の美を飾る。
⑲ 先代の（偉業　遺業）を受け継ぐ。
⑳ アンケートの（回答　解答）。

c　相似字形

漢字の多くは、偏・旁・冠・構・垂・脚・繞の組み合わせからなっている。そして、それぞれが基本的な意味を持つ。その意味がわかっていれば、相似字形の識別も楽になる。たとえば、車偏の「輪」と言偏の「論」。車偏だから「車輪」の「輪」で、言偏だから「言論」の「論」。そう思えば、さほど難しいことではない。

　また、漢字そのものにも、それぞれに意味がある。それも覚えておきたい。表意文字であることの利点を生かすのである。漢字の一字一字が持つ意味とは、訓読みのことだと思えばいい。たとえば、ヘンという音の「偏・編・遍」の三字。訓読みは、「偏」が「かたよる」、「編」が「あむ」、「遍」が「あまねく」である。したがって、音読みの熟語では、「偏見・編集・普遍」と使い分けるのである。

　しかし、相似字形は、こうした部首の違いだけではない。一点、一画の違いで、全く別の字ということもある（末と未・体と休など）。また、思い込みで間違った漢字を書いていることもある。その代表は「達」や「展」である。

問一　はじめに挙げたカタカナを適切な漢字に直して、それぞれの空欄に入れなさい。

① ヤワラカイ　a（　）らかい布　b 芯の（　）らかい鉛筆
② ツツシム　a（　）んで新年のご挨拶を申し上げます　b 行動を（　）む
③ カワク　a 喉が（　）く　b 服が（　）く
④ シズマル　a 痛みが（　）まる　b 辺りが（　）まりかえる
⑤ マワリ　a 身の（　）りの世話をする　b 家の（　）りの掃除をする
⑥ モト　a 法の（　）に平等である　b（　）のさやに収まる
⑦ トマル　a 友人の家に（　）まる　b 動きが（　）まる
⑧ ミル　a 脈を（　）る　b 野球を（　）る
⑨ キク　a 薬が（　）く　b 意見を（　）く　c 右手が（　）き手です
⑩ タタカウ　a 病気と（　）う　b 敵と（　）う

問二　次の漢字は字体が似ていて間違いやすい文字です。（　）内に入る正しい漢字を選びなさい。

① 疑わしい行（偽・為）をするな
② （勧・歓・観）声をあげる
③ 正（義・儀・議）と友情
④ 退（掘・堀・屈）を紛らわす
⑤ パーティに（紹・招）待される
⑥ 増（殖・植）する
⑦ 更（送・迭）する
⑧ （矛・予）盾
⑨ （烈・裂）火のごとく
⑩ （貪・貧）欲なほどに食らいつく

二　用　語

(一) 反対語・対照語

一般に反対語の〝反対〟と言う言葉に拘わりすぎて考える人が多いが、反意語・対義語・対照語等を含めて、ほとんど同じ意味に使われており、意味の上で対応する語と考えた方が良い。内容上、対立するもの（白い・黒い、男・女）、反対のもの（行く・帰る、上・下）、対照的なもの（雲・泥、和・洋）、同類で常に対比並列されるもの（桃・李、花・鳥）などに細分される。

その構成は次の四つに大別することができる。

(a) 相対する漢字ばかりを組み合わせたもの

[例]　上昇―下降　拡大―縮小　前進―後退

(b) 相対する漢字を一字おりこんだもの

[例]　主食―副食　長所―短所　登校―下校

(c) 否定の文字を用いたもの

[例]　肯定―否定　有名―無名　有利―不利

(d) 全体として反対語となるもの

[例]　権利―義務　演繹―帰納　本音―建前

尚両語の対立関係には強弱があり、白―黒、晴―雨に比し、赤―黒、晴―曇の方が弱い。また、「過去」が「現在」にも「未来」にも対するように、一語が幾通りもの対義関係をもつ場合もある。

注　親切に対する不親切、公開に対する非公開などのように、単語に「非」「不」などの否定の接頭語を冠したものや、「行く―行かない」「白い―白くない」などのように否定の「ない」を付したものは、単なる否定表現に過ぎず、いわゆる反対語とは区別して考えなければならない。

問一　［　］の中に漢字を入れ、上下がそれぞれ反対の意味をもつ熟語をつくりなさい。

① 愛［　］　④ 雅［　］　⑦ 虚［　］　⑩ 細［　］　⑬ 是［　］

② 因［　］　⑤ ［　］福　⑧ ［　］拙　⑪ ［　］幼　⑭ 公［　］

③ ［　］枯　⑥ ［　］怒　⑨ ［　］廃　⑫ ［　］沈　⑮ ［　］客

問二　上の語の反対語を下の□の中から選んで記号で答えなさい。

① 違法…［　］　⑥ 緊張…［　］

② 栄達…［　］　⑦ 浅学…［　］

③ 寡黙…［　］　⑧ 進取…［　］

④ 下落…［　］　⑨ 停滞…［　］

⑤ 強靱…［　］　⑩ 暴露…［　］

ア　隠蔽　イ　碩学　ウ　零落　エ　退嬰　オ　遵法　カ　進捗　キ　脆弱　ク　騰貴　ケ　弛緩　コ　饒舌

問三　次の語の反対語を下の□から選び、漢字で答えなさい。

① 婉曲…［　　］
② 希薄…［　　］
③ 雌伏…［　　］
④ 自由…［　　］
⑤ 軽率…［　　］
⑥ 強情…［　　］
⑦ 終局…［　　］
⑧ 空前…［　　］
⑨ 酸化…［　　］
⑩ 節約…［　　］
⑪ 繁栄…［　　］
⑫ 総合…［　　］
⑬ 平等…［　　］
⑭ 創造…［　　］

ぶんせき	しんちょう	ぜつご	そくばく
すいび	のうこう	ほったん	らんぴ
ゆうひ	じゅうじゅん	かんげん	
さべつ	もほう	ろこつ	

模	骨	衰	重	乱	別	絶	順	飛	発
雄	露	濃	差	還	費	分	倣	微	
厚	縛	後	元	慎	束	析	端	従	

問四　上の語の反対語を、次に示した意味を参考にして漢字で答えなさい。

① 迂回…［　　］（寄り道しないで行くこと）
② 貫徹…［　　］（途中でだめになること）
③ 委細…［　　］（細かい所は省いた大体の事情）
④ 愚直…［　　］（悪賢くてずるい）
⑤ 奢侈…［　　］（必要最低限で満足する様子）
⑥ 高遠…［　　］（手近で誰にでも分かること）
⑦ 楽勝…［　　］（やっとのことで勝つこと）
⑧ 低俗…［　　］（格調が高くて上品な様子）
⑨ 栄転…［　　］（低い地位に下げて移す）
⑩ 中枢…［　　］（枝の先）
⑪ 訥弁…［　　］（話し方の上手なこと）
⑫ 陳腐…［　　］（趣向が際立って新しい様子）

問五　次の漢字は、動植物の名前を表している。読みを答えなさい。

① 鮎（　　）
② 薊（　　）
③ 鮑（　　）
④ 銀杏（　　）
⑤ 海胆（　　）
⑥ 桔梗（　　）
⑦ 海月（　　）
⑧ 羊歯（　　）
⑨ 蜆（　　）
⑩ 西瓜（　　）
⑪ 海豹（　　）
⑫ 紫陽花（　　）
⑬ 烏賊（　　）
⑭ 女郎花（　　）
⑮ 鸚鵡（　　）
⑯ 胡瓜（　　）
⑰ 蝙蝠（　　）
⑱ 石南花（　　）
⑲ 四十雀（　　）
⑳ 梔子（　　）
㉑ 海馬（海驢）（　　）
㉒ 馬酔木（　　）
㉓ 海豚（　　）
㉔ 万年青（　　）
㉕ 牡蠣（　　）
㉖ 胡桃（　　）
㉗ 蟋蟀（　　）
㉘ 芍薬（　　）
㉙ 鯱（　　）
㉚ 蒲公英（　　）
㉛ 家鴨（　　）
㉜ 小豆（　　）
㉝ 岩魚（　　）
㉞ 南瓜（　　）
㉟ 鵲（　　）
㊱ 胡椒（　　）
㊲ 鰆（　　）
㊳ 生姜（　　）
㊴ 軍鶏（　　）
㊵ 土筆（　　）
㊶ 信天翁（　　）
㊷ 無花果（　　）
㊸ 鶉（　　）
㊹ 落葉松（　　）
㊺ 蝸牛（　　）
㊻ 胡麻（　　）
㊼ 秋刀魚（　　）
㊽ 沈丁花（　　）
㊾ 十姉妹（　　）
㊿ 柘植（　　）

(二) 四字熟語

本来単独の用法を持つ二つ以上の単語（またはこれに準ずる語）の結合から成ると認められるものを複合語、または熟語、合成語と称する。

中でも四字で構成され、その結合が全体としてある固定した意味を表す慣用的な成句を四字熟語という。故事来歴を有する所謂故事成語にも四字のものが多い。これらは、意味を十分に理解して正しく使うと、文章やスピーチにも自ずから深みが出てくるが、理解が不十分なことによる同音異義の誤字も多く、「隠退声明」「全途多難」といったものは、なまじ意味が通るだけに見落としやすいので注意が必要である。

四字熟語の構成は、主として次の二つとなる。

(a)　二字熟語が二つ結び付いたもの
［例］　有為転変　大器晩成　無味乾燥　質疑応答

(b)　四字が対等の関係でならんだもの
［例］　東西南北　喜怒哀楽　支離滅裂　花鳥風月

注　「一日一回」「一回一錠」などの、文法上二語として取り扱われるものや、焼肉定食（商品名）、夏目漱石（人名）、土佐日記（書名）、成田空港（地名）などの固有名詞は四字熟語ではない。

一□一□、自□自□、不□不□という形の熟語をあなたは幾つ挙げられますか。

八つ以上……高校級
一八以上……短大級
二八以上……大学級
三八以上……大学院級
四八以上……博士級

問一　次の「　」内に適当な数字を入れ、四字熟語を完成しなさい。

① 「　」拝「　」拝　⑥ 「　」差「　」別
② 「　」寒「　」温　⑦ 「　」石「　」鳥
③ 「　」攫「　」金　⑧ 「　」載「　」遇
④ 「　」書「　」経　⑨ 「　」臓「　」腑
⑤ 「　」発「　」中　⑩ 「　」人「　」色

問二　次の「　」に同音異義の漢字を入れ、四字熟語を完成しなさい。

① 「　」唱「　」随　④ 論「　」「　」賞
② 「　」「　」一髪　⑤ 「　」「　」気鋭
③ 「　」「　」酌量　⑥ 「　」戦「　」決

問七　次の意味の四字熟語を漢字で答えなさい。

① ぐずぐずしていてなかなか決断しない事。（　　）
② 道理に叶わない無法な言い掛かり。（　　）
③ 大きなことを言い、おおぼらを吹く事。（　　）
④ 情勢の変化に従い適切な対応処置をとる事。（　　）
⑤ 自然の景色が特に美しい事の形容。（　　）
⑥ ただ一人誰の助けもなく戦う事。（　　）

問八　次の漢字は、動植物の名前を表している。読みを答えなさい。

① 蜻蛉（　　）　⑮ 蛸（　　）　㉘ 田螺（　　）
② 鱈（　　）　⑯ 鵜（　　）　㉙ 茄子（　　）

問三 次の［ ］内にそれぞれ反対の意味を表す語を入れて四字熟語を完成しなさい。

① 温［ ］知［ ］ ⑤ 空［ ］絶［ ］
② ［ ］炉［ ］扇 ⑥ 信［ ］必［ ］
③ 勧［ ］懲［ ］ ⑦ ［ ］耕［ ］読
④ 起［ ］回［ ］ ⑧ 大［ ］小［ ］

問四 次の［ ］内に動物名を入れ、四字熟語を完成しなさい。

① ［ ］鳴［ ］噪 ⑦ 周章［ ］狽
② 汗［ ］充棟 ⑧ ［ ］突猛進
③ 九［ ］一毛 ⑨ 南船北［ ］
④ 欣喜［ ］躍 ⑩ ［ ］耳東風
⑤ 意［ ］心［ ］ ⑪ ［ ］頭［ ］肉
⑥ ［ ］視眈眈 ⑫ ［ ］頭［ ］尾

問五 次の［ ］内に体の一部の名称を入れ、四字熟語を完成しなさい。

① 阿［ ］叫喚 ⑦ 眉［ ］秀麗
② 異［ ］同音 ⑧ 明［ ］皓［ ］
③ 得［ ］勝［ ］ ⑨ 換［ ］奪［ ］
④ 傍［ ］八［ ］ ⑩ 厚［ ］無恥
⑤ 酒池［ ］林 ⑪ 徹［ ］徹［ ］
⑥ 切［ ］扼［ ］ ⑫ 粉［ ］砕身

問六 次の傍線部の四字熟語の読みを答えなさい。

① 秘密がばれた以上は皆一蓮托生だ。
② 丁寧なのは良いが度を超すと慇懃無礼のそしりを受ける。
③ 右顧左眄しないで、自分の思う通りに進みなさい。
④ 粒粒辛苦の末にとうとう作品を完成した。
⑤ 堅忍不抜の精神を持って困難に立ち向かう。

③ 撫子（ ） ⑰ 合歓（ ） ㉚ 浜木綿（ ）
④ 薔薇（ ） ⑱ 蜥蜴（ ） ㉛ 海鼠（ ）
⑤ 鯰（ ） ⑲ 鰊（ ） ㉜ 雲雀（ ）
⑥ 向日葵（ ） ⑳ 瓢箪（ ） ㉝ 枇杷（ ）
⑦ 葡萄（ ） ㉑ 糸瓜（ ） ㉞ 鮃（ ）
⑧ 河豚（ ） ㉒ 梟（ ） ㉟ 鱒（ ）
⑨ 百足（ ） ㉓ 菩提樹（ ） ㊱ 牡丹（ ）
⑩ 蜜柑（ ） ㉔ 茗荷（ ） ㊲ 椰子（ ）
⑪ 椋鳥（ ） ㉕ 狢（ ） ㊳ 百舌（ ）
⑫ 駱駝（ ） ㉖ 栗鼠（ ） ㊴ 驢馬（ ）
⑬ 柚子（ ） ㉗ 竜胆（ ） ㊵ 山葵（ ）
⑭ 菫（ ）

付録 語順が反対になると意味の変ってしまう熟語

長所―所長 座高―高座
階段―段階 質素―素質
日本―本日 地下―下地
科学―学科 王女―女王
現実―実現 会議―議会
手相―相手 上陸―陸上

㈢ 諺

諺は一種の言語作品である。その多くは民衆の実生活の経験から生れたもので、俗諺、俚諺、世話とも言われる。諺は本来、人を批評するために、簡潔な語句に皮肉、滑稽を含ませ、人を笑わせるものであった。そのため、使い方によっては、人を笑わせ相手を制する言葉の武器ともなるが、一般には、文章、口頭いずれの表現の上でも共通の理解の楔となり、意志の伝達が効果的に行われる。

諺は記紀以来各種の文献に見られるが、その種類は次のようなものがある。

(a) 他人の行為、考えに対する批評
　〔例〕馬子にも衣装　羹に懲りて膾を吹く

(b) 仕事をする上での、手順の誤りや無駄仕事に対する戒め
　〔例〕小馬の朝いさみ　角を矯めて牛を殺す

(c) 人生に処する教訓を与えるもの。所謂格言はここに入れられるが、比較的近代に作られたものが多い
　〔例〕転ばぬ先の杖　かわいい子には旅をさせよ

(d) 世間に良くある事柄のたとえ
　〔例〕出る杭は打たれる　新しい箒はきれいに掃ける

(e) 長年の経験から得られた知識を伝えるもの
　特に農漁業のように、季節、天候に左右される生業においては、天気予報の諺が目立つ
　〔例〕朝雨に傘いらず　秋の夕焼けは鎌を研いで待て

(f) 様々な慣習の、地方的な特徴を取り上げたもの
　〔例〕東男に京女　京へ筑紫に坂東さ

全体的に比喩が好まれ、非常に具体的、かつ即物的である。数に関しても「桃栗三年柿八年」「今参り二十日」「人の噂も七十五日」等、概数を用いない。

形式面では、「果報は寝て待て」のような命令形、「犬も歩けば棒に当たる」のような叙述の形の他、「医者の不養生」「ごまめの歯ぎしり」のように体言で止めた形が多く、「提燈に釣鐘」「月とすっぽん」「雄弁は銀、沈黙は金」のように対照を用いたものも少なくない。

表現上、対句、比喩等の効果的な使用法が良く分かり、標語、警句等を作る際によい示唆となる。また、思い切った省略が行われているので、簡潔、的確な言葉の使い方を学ぶ事もできる。

一般に七七、七五調等の音数律によるものが多く、口調の良さから駄洒落などの言語遊戯に流れないよう十分戒めた上で、社会人の言語教養としてある程度は身に付けたい。

問一　次の［　］内に動物名をいれ、諺を完成しなさい。

① 生き［　］の目を抜く
② ［　］の頭も信心から
③ ［　］に引かれて善光寺参り
④ ［　］で鯛を釣る
⑤ ［　］は甲羅に似せて穴を掘る
⑥ 窮鼠［　］を嚙む
⑦ ［　］の甲より年の功
⑧ ［　］が葱を背負って来る
⑨ 木に縁りて［　］を求む
⑩ ［　］も木から落ちる
⑪ ［　］を逐う者は山を見ず
⑫ ［　］百まで踊忘れず
⑬ 大山鳴動して［　］一匹
⑭ 蓼食う［　］もすきずき
⑮ 捕らぬ［　］の皮算用
⑯ ［　］の威を借る［　］
⑰ 鳴かぬ［　］が身をこがす
⑱ ［　］に鰹節
⑲ 能ある［　］は爪を隠す
⑳ 掃溜に［　］
㉑ ［　］に豆鉄砲
㉒ 藪をつついて［　］を出す

問二　次の［　］内に体の一部の名称を入れて、諺を完成しなさい。

① ［　］隠して尻隠さず
② 知らぬ［　］の半兵衛
③ 痛くもない［　］を探られる
④ 鬼の［　］にも涙
⑤ 飼犬に［　］を嚙まれる
⑥ ［　］は禍の門
⑦ ［　］に帆をかける
⑧ ［　］に腹はかえられぬ
⑨ ［　］に火をともす
⑩ ［　］に衣着せぬ
⑪ 七重の［　］を八重に折る
⑫ ［　］も身の内
⑬ ［　］に唾をつける
⑭ ［　］は心の窓（鏡）
⑮ 出すものは［　］を出すのも嫌

問三　次の語句はそれぞれどの川の名前を表しているか。

坂東太郎＝［　川］　筑紫次郎＝［　川］　四国三郎＝［　川］

問四　次の語句は、慣用的に誤った読み方がされているものである。本来の読み方を答えなさい。

	慣用読み	本来		慣用読み	本来
堪能	たんのう	［　］	吉日	きちじつ	［　］
口腔	こうくう	［　］	攪拌	かくはん	［　］
早急	そうきゅう	［　］	憧憬	どうけい	［　］
消耗	しょうもう	［　］	情緒	じょうちょ	［　］
截然	さいぜん	［　］	洗滌	せんじょう	［　］
貼付	てんぷ	［　］	重複	じゅうふく	［　］
捏造	ねつぞう	［　］	漏洩	ろうえい	［　］

(四)　重複表現（重ね言葉）

言葉遊びの一つに、「いにしえの昔の武士の侍が、山の中の山中で馬から落ちて落馬して」で始まる一連の重言がある。

私たちは文章を書く際、うっかり、一つの文の中で同じ語句を不必要に反復したり、同意の語句を重複させたりしがちである。詩文や演説などで、特にその意味を強めたり、明瞭を期したりするために意識的に用いられる場合もあるが、多くは無知、または無自覚の内に用いられ、相当な知識人の間でも、それと気づかずに口にする事がよく聞かれる。こうした表現は、いずれも注意力の散漫、曖昧な思考に原因があると考えられる。心すべきである。

重言の構造には次のようなものがある。

(a)　一文節化した、単純なもの

〔例〕　半紙がみ・作文づくり・古来から・豌豆まめ・数珠だま・窮状ぶり

(b)　二文節以上の、やや長いもの

〔例〕　収賄を受ける・犯罪を犯す・ただ今の現状・およそ千数百円・最終的な完成・まだ未完成・多年の歳月

(c)　形容句や副詞句などが離れているもの

〔例〕　あとにのこされた遺族・一晩中全員が徹夜・むやみに標語を濫造する・会食を彼と共にする・原油価格が脅威的に値上がり

これらは意義的消化の不十分な漢語の無理な使用から起こったものであるが、最近急増してきた外来語、外国語の使用の際にも、こうした傾向が目立つ。

〔例〕　サイエンスの科学・牛肉のビフテキ・バトンタッチを受ける・最初にトップを切る・最後のラストシーン

この他、一つの文の中で同じ形式の従属節を重ねる事も、文の流れを悪くし、国語の表現力を低下させる結果となる（第三節ダラダラ文参照）。名詞に限らず動詞や、助詞、助動詞に至るまで、同じ文の中で同じ語が重ねて出てこないよう、言い換えその他の工夫によって注意したい。

問一　次の語句を意味の重複しない表現に直しなさい。

①　少しノイローゼ気味になるくらいでした
②　突然卒倒する
③　決定的な決めて
④　前途の見通し
⑤　対米国向け輸出
⑥　発売開始時刻

問二　次の文を、同じ語句の重複しない表現に直しなさい。

①　そのような事をする事はできない事と思っている。
②　彼の家の複雑な事情から、自分の意志を貫きがたいという事情がある。

③ 最近の円安で石油会社は円安による負担を大きく受けている。

④ 学生の側の問題として、その問題に取り組む気があるかどうかという問題がある。

⑤ この行事は五年前に始まったのに、今回は新年度が始まっても責任者が決定せず、夏休みが始まって始めて、準備委員会の活動が始まった。

⑦ 調子の波に乗る
⑧ 制止を命じる
⑨ 仕事だけに専念する
⑩ 足の骨を骨折
⑪ 歌えることができた
⑫ 言い表せられない
⑬ マイナス三キロの減量
⑭ 主催者の人
⑮ 引き続き続行する
⑯ 亡き故人
⑰ 挙式をあげる
⑱ 一見楽しそうに暮らしているように見えた
⑲ いやいや仕方なく
⑳ かねてからの懸案
㉑ 家事洗濯
㉒ 突然のハプニング
㉓ 大会の日の当日
㉔ ほとんど全くと言っていいほど
㉕ 廃車寸前に近い車
㉖ 十分熟知している
㉗ 歩いて下に降りる
㉘ 後ろから追突される
㉙ あらかじめ予約する
㉚ 後の後悔
㉛ とても夢中になる
㉜ 互いに交換する

㈤　慣　用　句

二つ以上の単語がいつも一続きに、または相応じて用いられ、その結合が全体としてある固定した意味を表すものを慣用句と称する。

熟語（㈡四字熟語参照）と異なり、父母、遠浅、よみがえる等の、所謂複合語は含まない。また、「いらっしゃいませ」「本日は晴天なり」のような常套句や、各種専門語、郭詞など、限られた社会における通用語も、慣用語として区別される。

慣用句には、構成要素たる個々の単語の意味からだけでは句全体の意味が推し量れず、もとの意味が拡張又は転用され、あるいは比喩的に用いられて固定した表現（「油をしぼる」「山をかける」「道草を食う」）の他、その構成要素になる単語が、もっぱら慣用句として結合した形にのみ用いられる表現（「笑壺に入る」「間髪を入れず」）などがある。

また、その成立状況は様々で、次のようなものがある。

(a)　故事来歴のあるもの。所謂故事成語はここに含まれる

〔例〕もとの木阿弥・小田原評定・井出の下帯

(b)　古語の残存したもの

〔例〕兜を脱ぐ・埒もない・采配を振る

(c)　武芸、スポーツや、ゲームなどの用語に由来するもの

〔例〕終局を告げる・駄目押し・満を持す

(d)　比喩が固定したもの

〔例〕口を拭う・草の根を分ける・うまい汁を吸う

(e)　意味を強調するもの

〔例〕百も承知・好き好む・うそっぱち

(f)　無駄口をまじえて語路を整えたもの

〔例〕やけのやんぱち・あたりき車力・合点承知の助

これらの慣用句は、諺や四字熟語以上に日常生活に深く浸透している。意味を正確に理解するのはもちろん、会話や文章の中で自然に使用できるよう心がけたい。

問一　次の慣用句について、用語の誤り、または不適当な語句の箇所に傍線を引き、括弧内に正しい用語を書きなさい。

①　愛想をふりまく（　）
②　青田刈り（　）
③　明るみになった（　）
④　頭をかしげる（　）
⑤　蟻の入り込む隙間もない（　）
⑥　怒り心頭に達した（　）

㉓　公算が強い（　）
㉔　いろいろととりだたされている（　）
㉕　最期に笑うもの（　）
㉖　さいさきの悪い話（　）
㉗　下降の一手をたどる（　）
㉘　時機を得た行為（　）

⑦ 生き馬の毛を抜く（　）
⑧ せざる得なくなる（　）
⑨ 押しも押されぬ（　）
⑩ かけがいのない（　）
⑪ 汚名挽回（　）
⑫ 女手一人で育てた子（　）
⑬ 反対者は過半数を超えた（　）
⑭ 期待倒れ（　）
⑮ 木で花をくくる（　）
⑯ どうしもすることができない（　）
⑰ 始めから意味込みが違う（　）
⑱ 草木もなびく丑三つ時（　）
⑲ 櫛の歯が抜けるように（　）
⑳ 苦汁を味わう（　）
㉑ 口先三寸（　）
㉒ けんけんがくがく（　）
㉙ 死中に活を得る（　）
㉚ 射程距離にはいる（　）
㉛ 白羽の矢を当てる（　）
㉜ 酸いも辛いも嚙み分ける（　）
㉝ 精魂尽きる（　）
㉞ 死亡者は三百人に達した（　）
㉟ 願ってもいないチャンス（　）
㊱ 人生に句読点を打った（　）
㊲ 当を射た指摘（　）
㊳ 口を濁す（　）
㊴ 二の舞を踏む（　）
㊵ 眠けまなこ（　）
㊶ はらわたがよじれる（　）
㊷ 腹が煮えくりかえる（　）
㊸ 小さかれ大きかれ問題は起こる（　）
㊹ 飛行機が空港を飛び出した（　）

㈥　用語の心得

現代における日本語の語彙は、本来の日本語（大和ことば）の他に、漢語およびいわゆる外来語に見られるように、かなり大量の外来の要素を含んでおり、一つの物事を言い表すのにも、豊富な語彙の中から一つの語を選択することが要求される。その選択の仕方によって、文章の性格、品格が異なってくる。

文の品位を保ち、伝達を正確にするとともに、受け手に対し思いやりのある表現をするためには、前述した重複表現や慣用句に留意するだけでなく、略語・外来語などの使用にあたっては適切な説明を付すなどの配慮がなされるべきであろう。

また、業種名等各種呼び名に関しては、新聞用語などを参考にし、社会的通念・慣用にしたがって、差別・人権侵害につながる語はもちろん、相手に不快感を与えるおそれのある語を使わないよう注意しなければならない。

なお、日本語では従来、和語よりも漢語を重く用いる傾向があり、書類など改まった文章にはもっぱら漢語を用いてきた（例　きのう↓昨日、この前↓先日、床屋↓理髪店)。しかし、近年一般に文章・用語がやさしくなり、それに伴って、特殊なことばや堅苦しいことばではなく、日常使い慣れたわかりやすい言葉が用いられる傾向にある。こうした用語の感覚は、ふだんの生活の中で自然に会得するものである。豊富な言語体験を心掛けたい。

問一 次の漢語を、使い慣れたやさしい言葉に言いかえなさい。

① 稟請→〔　　〕　⑤ 塵埃→〔　　〕　⑨ 充当する→〔　　〕
② 措置→〔　　〕　⑥ 衷心→〔　　〕　⑩ 抵触する→〔　　〕
③ 彩紋→〔　　〕　⑦ 即応した→〔　　〕
④ 橋梁→〔　　〕　⑧ 懇請する→〔　　〕

問二 次の外来語の訳語として適切なものをa～tの中から選び、記号で答えなさい。

① アトランダム〔　　〕　⑨ ユニーク〔　　〕　⑰ レセプション〔　　〕
② IC〔　　〕　⑩ シンメトリー〔　　〕　⑱ ロングラン〔　　〕
③ イニシアチブ〔　　〕　⑪ バイオエシックス〔　　〕　⑲ ステータス〔　　〕
④ エスプリ〔　　〕　⑫ VAN〔　　〕　⑳ ワークシェアリング〔　　〕
⑤ オーソリティー〔　　〕　⑬ プラグマティズム〔　　〕
⑥ オリジナリティー〔　　〕　⑭ ペーソス〔　　〕
⑦ キャスティングボート〔　　〕　⑮ POS〔　　〕
⑧ セクショナリズム〔　　〕　⑯ プロローグ〔　　〕

a 派閥主義　e 左右対称　i 才知　m 権威　q 社会的地位
b 販売情報管理　f 歓迎会　j 独自　n 主導権　r 作業分割
c 高度情報通信　g 悲哀感　k 決定権　o 序章　s 長期興行
d 実用主義　h 独創性　l 無秩序　p 生命倫理　t 集積回路

三　表現技術

㈠ 文章の構成

ここでは一般的な文章を書く手順と構成の仕方について説明する。通常、実際に文章を書き出す前に次のような準備をすることが大切である。

(1) 主題を決定する。

「何を書くか」という文章の中心的な内容を考える。そして、それを文の形にして書いてみるとよい。（主題文）

(2) 材料を集める。

主題に沿って、主題を肉付けするような材料を考え、箇条書きにする。

例　「私の部屋」という題の場合

〈主題文〉

私の部屋は住み心地のよい、私の最もくつろげる場所である。

〈材料〉

・二階の六畳間である。
・隣に弟の部屋がある。
・南向きで窓から公園が見える。
・夜は星空がきれいだ。
・一番奥にベッドがある。
・窓ぎわに机がある。
・机の横にはステレオとテレビがある。
・その横には本棚がある。
・本棚の本は推理小説がほとんどだ。
・家での時間の大半を過ごす。
・もっともリラックスできる場だ。

※練習　例にならって「私の部屋」という題での、主題文を書き、材料を箇条書きの形で書いてみよう。

(3) 構成を考える。

集めた材料を取捨選択し、内容のまとまりごとに集めグループ分けする。その際、追加や訂正など適宜修正するのもよい。

さらに、主題を説得力あるものにするためにグループ分けした材料の配列（構成）を考える。

(4) 構成の仕方

読み手に意図を正確に、しかも納得のいくようにわかりやすく伝達できる文章であるためには、どんな構成で文章を書いていくかということが大切である。ここでは、最も典型的な三段構成、四段構成について説明しておく。

(A) 序論・本論・結論　型（三段構成）

〈序論〉――文章全体の方向を示し、問題を提起する。それとともに、問題をとりあげた動機、目的、意図などを明らかにする。

〈本論〉――序論で提示された問題を具体的に展開し、主題となる事柄を詳細に述べる。論旨を強化するために、事例を挙げたり資料を用いたりするのもよい。
〈結論〉——趣旨をまとめ、言おうとすることを強調してしめくくる。

(B) 起・承・転・結 型（四段構成）

〈起〉——導入。問題の提起。三段構成の〈序〉にあたる。
〈承〉——発展。問題の内容を深め、詳しく説明する。三段構成では〈本論〉にあたる。
〈転〉——転換。話題や問題の方向を転換し、主題について異なった角度から説くことで主題を補強する。三段構成では〈本論〉にあたる。
〈結〉——結論。全体をしめくくる。

起・承・転・結の構成も大きくは三段構成と見ることができる。実際には両者の相違をそれほど意識しなくてもよい。

これとは別に文章の構成の順序ということも考え合わせると、一層わかりやすい文章になるであろう。そのおもな型をあげておく。

㋐ 時間の順に構成する。
事柄を、それが起こった順をもとにして書く。過去から現在へ（古いことから新しいことへ）という形が普通であるが、現在から過去へ（新しいことから古いことへ）さかのぼる形もある。
例 出来事の経過を説明する場合。

㋑ 空間的な位置に従って構成する。
事柄を、その空間的位置関係をもとにして書く。たとえば、近いものから遠いものへ（またはその逆）、あるいは上から下へ（またはその逆）、右から左へ（またはその逆）という順序で書く形。
例 道順などを説明する場合。

㋒ 論理的な関係に従って構成する。
事柄の原因を述べてから結果を述べたり（またはその逆）、提案をしてから根拠を述べる（またはその逆）のような形。
例 自分の意見を述べる場合。

㋓ 一般と特殊の関係に従って構成する。
一般論を述べてから、個々の具体的な事柄について述べる、または逆に個々の具体的な事柄から一般論に及ぶ形。
例 説明や解説をする場合。

問一 高校時代に体育大会の百メートル競走に出場した時の思い出を、ⓐ〜ⓙまでの材料で書くとする。その場合、ⓐ〜ⓙの材料をどのように並べるとわかりやすい文章になるか。並べかえて構成しなさい。

ⓐ クラスメイトたちのいっそうの期待。
ⓑ 予選の様子。
ⓒ 決勝の様子。
ⓓ 大会前の緊張と不安。
ⓔ 現在の気持ち。
ⓕ 結果は三位だったこと。
ⓖ 予選の思わぬ好記録。
ⓗ 百メートル走に出場することになったいきさつ。
ⓘ 傲りへの反省と満足感。
ⓙ 決勝への自信。

問二　下の地図の矢印に従って、JR駅から本社まで歩く場合の道順を書いた。正しい順序になるように、次のⓐ～ⓚまでの各文を並べかえなさい。

ⓐ 駅から北東方向へ約五百メートル、所用時間は六、七分です。
ⓑ 次の交差点の角に病院があります。
ⓒ 両側に公園の木々が生い茂る道です。
ⓓ 本社の前の歩道橋を利用してお来し下さい。
ⓔ デパートの前のT字路を右へ行きます。
ⓕ すると、次の交差点の角に市役所がありますので、そこを右に曲がります。
ⓖ 駅の北口を出ると左側にデパートがあります。
ⓗ その道を通り抜けると、四車線の国道につきあたり、正面に本社が見えます。
ⓘ 五十メートルほど歩くと左側に公園が見えてきます。
ⓙ その病院の角を左に曲がります。
ⓚ 公園に沿って百メートルほど歩くと、公園の中を通る道が左側にあります。

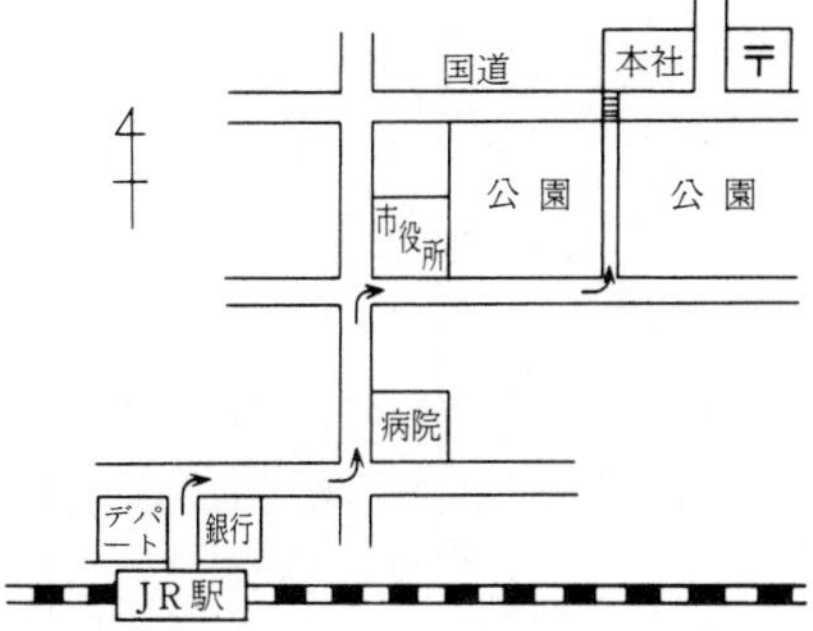

※（発展問題）自宅から学校までの道順を、交通手段などに留意しながら説明しなさい。

問三　次のⓐ～ⓚまでの各文は、「気晴らし」という題の作文をバラバラにしたものである。論旨がよく通るように並べかえなさい。さらに、それらを、起・承・転・結に区分しなさい。

ⓐ 彼らは同じ道を走っている人や沿道の人々の危険や苦痛を考えたことがあるのだろうか。
ⓑ 「毎晩ごくろうさんだなあ」と思いながら、彼らの精神構造がどうなっているのかと考えてしまうことがある。
ⓒ まわりの人々が共感するような「気晴らし」を何とか自分たちで見つけてほしいものだ。
ⓓ 新聞によると、彼らになぜ暴走するのか尋ねたところ、最大の理由は「気晴らし」だそうだ。
ⓔ 同じ世代として、私はそこまで悪くは受けとりたくない。
ⓕ 今夜もまた家の前の道路を暴走族が行きかっている。
ⓖ 何らかの形で「気晴らし」したいと思うこともある。
ⓗ だから、彼らの自分勝手と、若いエネルギーの無駄使いが残念でならない。
ⓘ しかし、その「気晴らし」のために多くの人々に迷惑をかけてもよいとは思わない。
ⓙ それとも、人々に苦痛を与えることを「気晴らし」と考えているのだろうか。
ⓚ 確かに、彼らに限らず私にも毎日さまざまなストレスがある。

問四　次の文章は野坂昭如の小説『火垂るの墓』の説明文である。漢字仮名交じり文に直し、適当な部分に句読点を付けて、原稿用紙に清書しなさい（段落は四段とすること）。

『火垂るの墓』はせんそうでふぼをうしないついにはいもうと節子もうしなった清太がえいようしっちょうのために三宮えきこうないでごみのようにいっしょうをおわるまでをたんたんとかきつづったしょうせつであるちゅうがくさんねんの清太はぬすみまでしておさないいもうとのめんどうをみようとするがともしびといえばほたるのともすあかりしかないぼうくうごうでいもうとがしんでしまうともはやいきようとするちからを清太はもちあわせていなかったこれは野坂昭如のじでんともいえるほどたいけんがいきているしょうせつでありせんちゅうせんごというい っけんはんえいしているげんだいとはまったくことなったかんきょうをはいけいにしててんかいされるがただせんそうのはなしとしてかたづけるにはあまりにもおもみのあるもんだいをなげかけているようにおもわれるげんだいのわたくしたちにいもうと節子はいるのかせんそうではないなにかのためにわたくしたちのいもうともうばわれているのではないかにんげんがいきるためにたいせつなものはなにかをかんがえさせられるさくひんである

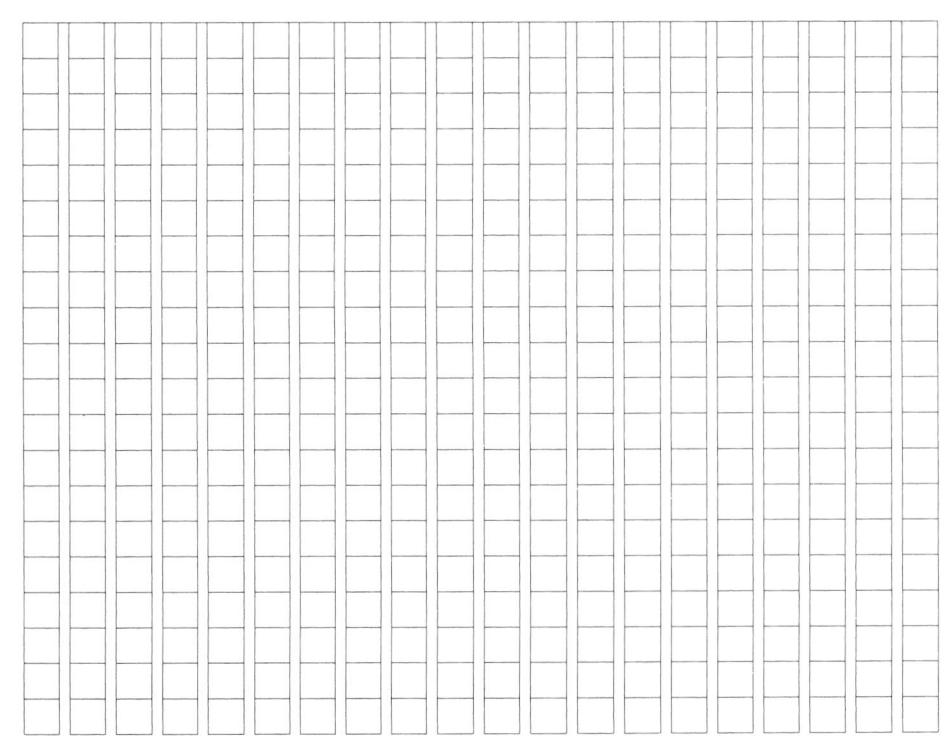

㈡ 文章の要素

報告文などで、すっきりした文章を書くためには、報道文で必要とされる五W一Hの要素を満たすようにするとよい。五W一Hとは、

When（いつ）
Where（どこで）
Who（だれが）
What（何を）
Why（なぜ）
How（どのように）

の五つのWと一つのHであるが、さらに場合によっては、

Whom（だれに）
How much（いくら）…値段

なども必要となり、六W一H、六W二Hとしなければならないこともあろう。

これらの要素は、必ずしも一文の中にすべてを入れてしまわなければいけないというものではなく、これらの要素を含んだ文を重ねてまとまった文章となった時に、必要な要素が含まれるようにすればよい。

例

去年の夏、内海に海水浴に行った時のことである。（いつ・どこで）
私と友人の鈴木君が砂の上で寝そべっていると、近くで「助けてえ」という叫び声がした。（だれが・なぜ）
見ると七・八歳の男の子が溺れかかっていた。（なぜ）
私と鈴木君はその男の子を急いで助けあげ人工呼吸をした。（何を・どのように）
幸い男の子はまもなく元気になったが、聞けば、準備運動が不十分で足にケイレンが起きたということであった。

五W一Hが重要な条件になってくるものとして、もう一つ伝言メモが挙げられる。電話や来訪者の用件を取り次ぐ場合には、簡にして要を得た伝言が要求される。ここではメモによる伝言をする場合に注意することを簡略に述べる。

(1) 五W一Hを考慮して書く。

必要事項の例を次に列挙する。

① 誰からの電話か（誰が訪れたか）。
（相手の氏名・住所・所属・電話番号など）
② 誰に用か。
③ いつかかったか（訪れたか）。
（来信・来訪の日時）
④ どこからかけてきたか。（電話の場合で、しかも相手が出先などにいる場合のみ必要）
⑤ 何の用件か。
⑥ 折り返しの連絡・回答などの必要の有無。
⑦ 受信者（メモ執筆者）の氏名。

なお、会社などでは、あらかじめ右のような必要項目を印刷し

ためメモ用紙を用意しておくとよい。

(2) 数字や固有名詞は正確に書く。

日時、場所、人名、会社名、地名、数量、電話番号など。

(3) 他人が正確に理解できるような表現や表記をする。

(4) 正確な伝言の前提は正確な聞き取りである。

(1)、(2)で挙げたような重要事項は復唱して確かめることが望ましい。

問一 次の文章から、五W一Hにあたる部分を指摘しなさい。(必ずしもすべてがそろっているわけではない。)

ⓐ ある日の暮れ方のことである。一人の下人が羅生門の下で、雨やみを待っていた。

ⓑ 東京都は十一日、日本一の超高層ビルとなった西新宿の新都庁第一庁舎の内部を十四日に、報道陣に事前公開することに決めた。同庁舎は五日に上棟式を終えたばかりだが、「千坪の知事室」などと雑誌などで批判されたことから、急きょ、工事を一時中断して公開することになった。

問二 次の(a)~(c)にあげた㋐~㋕までの内容をすべて含んだ文章を、二、三文で作りなさい。その場合、適当に言葉を補ったり、省いたりしてよい。

(a)

㋐ 七月二十六日のことである。

㋑ 熱田球場で高校野球の準決勝があった。

㋒ 私は一塁手で三番で出場した。

㋓ 私はヒットを三本打った。

㋔ 私は九回にエラーをした。

㋕ 私のエラーで三対二で負けた。

(b)

㋐ 三年前の夏のことである。

㋑ 奥三河へ友人とアユを釣りに行った。

㋒ 偶然アユ釣りの名人に会った。

㋓ 彼は友釣りのコツを教えてくれた。

㋔ その日は三十尾釣れた。

㋕ これまでにない大漁だった。

(c)

㋐ 三月中旬のことである。

㋑ アメリカから会社に視察団が来た。

㋒ 彼らは工場を見学した。

㋓ 彼らは能率的な作業に感心した。

㋔ 彼らは現場の労働者にいろいろ質問した。

㋕ 彼らは大切なものを得たようだ。

㈢ 語　法

a 文体の統一

文章表現を、形態・用語・語法・修辞などの差によって、幾つかの型に分けた時、その型の一つ一つを「文体」という。したがって、型に分ける基準の立て方によって各種の文体が成立するが、文章を書く時には、まず表現内容に即した文体を選ぶ事が大切である。また、一般的に言えば、異質な文体を不用意に混用するのは、文章の体裁を壊す事が多く避けた方が良いが、二種類以上の異質な文体を、ある部分部分にはめ込むことにより、その部分を際立たせるといった効果を狙う場合もある。

いずれにしても文体の統一に余り無頓着だと、つぎはぎの服を着ているような文章になり、また逆に余り形式的な統一を計ると、何とも単調な味気無い文章となる。

そこで、書き慣れない人のために、三つだけ注意してほしい文体の統一をあげてみる。

(1) 「話し言葉の文体」と「書き言葉の文体」

話し言葉による表現は、原則的には口頭表現に限るべきであり、話すように書くと文章は幼稚になる。文章表現中に話し言葉の文体が導入されるのは、原則的には会話が直接話法で文章中に挿入される場合に限られる。

例1　私は傘を持って行ったで良かったけど、雨はひどかったです。

訂正　私は傘を持って行ったので良かったけれど、雨はひどかったのです。

例2　おばあさんが、いい子だで、おじさんとこまで荷物を届けてくりょ、と言った。

訂正1　祖母が、良い子だから、叔父の所まで荷物を届けてくれるように、と言った。

訂正2　祖母が「いい子だで、おじさんとこまで荷物を届けてくりょ」と言った。

(2) 文末の「敬体」と「常体」（です体・である体・だ体などの文末表現）

文の終わりが「〜です。」とか「〜します。」とか言うように敬体になっていると、文章は優しく丁寧な感じになり、「〜だ。」とか「〜する。」とか言うように常体になっていると、乱暴な感じになることもあるが歯切れが良い。したがって、それぞれの文章はその表現内容によって、いずれかの文体に統一がとれていると良い。また、場面転換のために途中でわざと文体を変える場合があるが、その時もそれぞれの場面内の統一はとれていなければならない。

次の文章は学生が幼児期の思い出を書いたものであるが、思い出の部分を言い切りの「常体」で書き、前後の「である体」の中から浮き上がらせている。文体の妙を味わってみよう。

切手のない手紙

僕は、一人っ子で我がままであったため、人に大変迷惑をかけたらしい。古くからの友達が昔の事を語ると、僕はいつも下を向いて黙っている。「もう過去の事はすべて忘れたい」と願い、忘れようと努力した結果、今では保育園以前のことは、ほとんど覚えていないのである。しかし、まだ僕の脳裏にしがみついている古い記憶が二、三ある。その中の一つが、ライオンへの励ましの手紙である。

　確かではないが、保育園の年長組のことだったと思う。保育園で手紙の書き方を教わった。手紙の最初には出したい人の名前を書いて、最後には、さようならと書き、自分の名前を書くという簡単な規則だった。

　その日保育園が終わった後、五、六人で友達の家へ行ってテレビを見ていた。すると「動物園のライオンが危篤」というニュースをやっていた。そこで、みんなでライオンに励ましの手紙を書くことになった。みんな思い思いに「しなないで」とか「どうぶつえんでガオーとほえてください」とか、ライオンに手紙を書いた。そして、みんなでポストに入れた。

　しかし、僕達が保育園で習ったのは、最初に出したい人の名前を書いて、最後にさようならと自分の名前を書くことだけで、切手を貼って、宛て先を書くことは教わらなかった。だから、勿論着く筈がない。それなのに、

「ライオンさん、元気になるかなあ。」
「うん、きっとなるよ。」

と、けなげな事を言っていた。

　今思えば、馬鹿らしい事であるが、こんな気持ちをいつまでも持っているようにしたいものである。

問一　次の文章の文脈や段落に注意して、（　）の中の言葉を適切な敬体表現に変えなさい。

我が受験の記

　私の受験生としての始まりは、進路の選択からでした。

　高校三年生の一学期、私は就職か進学かという二つの道のどちらかを選ばねばならない立場に立って（いる）。工業高校出身ということで、普通科の人に比べると、一般教養科目の学力の差が著しく劣っていたのです。だから、大学に入ってから講義についていけるかなどと、いろいろと（悩む）。

　こうして悩んでいる時期に、大学に行っている先輩に出会いました。その先輩はA工業大学の四年生（だ）。私はその先輩に勉強のことや私生活のことについて、いろいろと（質問する）。その時、返ってきた先輩の言葉は、確かに辛いが、やれば必ずできる、というものでした。私は先輩の言葉を信じ、進学することに（決める）。

　それからしばらくして、夏休みの直前に、良いニュースが私のところに飛び込んで（来る）。それはA工業大学からの推薦の受験生募集の話でした。その時少し（迷う）が、先生や家族の応援があって、受験することに決めました。試験科目が面接だけだったので、夏休みは新聞を読んだりして面接の日に（備える）。そして数ヶ月が経ち、受験の日がやってきました。面接は高校受験の時に（経験している）が、後が無いと思うと緊張だけは（解けない）。結局は面接もうまくいき、何とか合格することができました。

　まだ入学してから数週間しかたって（いない）が、今のところ、私が選んだ道は間違って居なかったと（思う）。これからも応援してくれた先生や両親に感謝して頑張っていくつもりです。

(3)　「和文体」と「漢文体」

漢文体の文章は簡潔で歯切れがよく、和文体の文章は語調が柔らかいが、このごろは「働かざる者食うべからず」といった漢文体の文に出会うことは少なくなった。ほとんどの人は「働かない人は食べてはいけない」と和文体で書いている。しかし、中には「働かない者は食うべからず」とか「働かざる者は食べてはいけない」の類の文を平気で書いている人もいる。漢文体の文を適所に挿入することは語調を引き締めるために効果的であるが、漢文体の文には文語文法を使うなど、注意して使用すべきである。

問二　次の文（森鷗外「毒舌」より）を現代和文体に直しなさい。

1　愛せらるること最深き女子は、敬せられるること最至れる女子にかぎらず。

2　女子と女子との間には、休戦ありて和睦なし。

3　植物世界には希に虫を捕る草あり。女子の間に詩人あるもこの類ならむ。

b　主語と述語

(i)　主語と述語の照応

主語と述語は文の最も基本的な要素である。このことは

a　花が（主語）美しい（述語）。

b　A君は（主語）走る（述語）。

などの文を考えてみる時、a・bともに主語が無くても述語が無くても、実質的な意味内容が完成しなくなることから明らかである。日本語においては、主語や述語の省略される例の多いことが知られているが、それが可能になるのは、読み手が省略された主語なり述語なりを補足することが出来る情況においてだけである。したがって、文を書いた後、それぞれの文に主語と述語が明確に述べられているかどうかを見直してみることが大切である。なぜなら、主語と述語はこのように、まとまった意味を構成するために欠くことの出来ない要素でありながら、私達が書く文の主語と述語との照応は、かなりあい昧なものが多いからである。次にその代表的な例を二、三あげ、その直し方を解説する。

(1)　主語が途中で変わる文

例1　栃剣と大乃国が土俵に上って、二子山理事が手取り足取りの指導も行った。

訂正1　栃剣と大乃国が土俵に上って模範相撲を取ったり、二子山理事が手取り足取りの指導を行ったりもした。

訂正2　栃剣と大乃国が土俵に上って、模範相撲を取った。二子山理事が手取り足取りの指導も行った。

例2　ある人は「私はロックがいい。」、また「演歌以外は音楽じゃないよ。」と言うような意見を聞きます。

訂正1　ある人は「私はロックがいい。」と言い、またある人は「演歌以外は音楽じゃないよ。」と言います。私達は、このような意見をよく聞きます。

直し方のポイント　最初の主語に対する述語を完結させてから、次の主語の述語を考える。二文に切り離して考えると直しやすい。

(2)　並列の主語に対して、述語が最後の主語にだけしか対応していない文

例1　動物園や植物園には、いろいろな動物や植物がある。

訂正1　動物園や植物園には、いろいろな動物や植物が集められている。

訂正2　動物園にはいろいろな動物がいるし、植物園にはいろいろな植物がある。

直し方のポイント　並列の主語に対する述語は主語全体に合うものを選ぶ。また、そのような述語が見つからない時は、一つ一つの主語に述語を付けて重文にする。

(3)　文末表現が主語と重複する文

例1　浪人生活の中で僕が思ったのは、今の日本の学歴社会が無くなれば良いと思った。

訂正1　浪人生活の中で僕が思ったのは、今の日本の学歴社会が無くなれば良いということだった。

直し方のポイント　「思ったのは（主語）～思った（述語）」、「考えたことは（主語）～考えた（述語）」という類は、すべて述語の部分に問題がある。「～のは（主語）～ということだった（述語）」とまとめる。

(4)　主語の明確でない文

例1　二次会の席はカラオケで歌えるということで、紅白合戦が始まり、なかでも新人賞候補のAさんの歌のうまさに
「あなたは選ぶ道を間違えたね。」
と言われながらも、今は毎日受付係として頑張っております。

訂正1　二次会の席はカラオケで歌えるということで、紅白合戦が始まり、なかでも新人賞候補のAさんの歌のうまさに
「あなたは選ぶ道を間違えたね。」
と声を掛け合ったりして、楽しい一時でした。このように楽しかった歓迎会も終わり、今は毎日受付係として頑張っております。（主語が「私」なら）

訂正2　二次会の席はカラオケで歌えると言うことで、紅白合戦が始まり、なかでも新人賞候補のAさんは、その歌のうまさに
「あなたは選ぶ道を間違えたね。」
と言われながらも、今は毎日受付係として頑張っていらっしゃいます。（主語が「Aさん」なら）

直し方のポイント　自分の書こうとしていることが何かを確認してみる。「私のこと」を書くのか「Aさんのこと」を書くのか、また、毎日受付係として頑張っているのが「ある日の楽しかった二次会」と対比しているのか「歌手にならなかったこと」と対比しているのかを考えてみる。

(5)　述語の明確でない文

例1　辛い事がほとんどであったが、その中に、これから自分にとってプラスになるようなことも、自分はまだ気付いていないが、いつか、この事に気付く時が来ると思う。

訂正1　辛い事がほとんどであったが、その中に、これから自分にとってプラスになるようなことも、有るのではないか。自分はまだ気付いていないが、いつか、この事に気付く時が来ると思う。

訂正2　辛い事がほとんどであったが、その中に、これから自分にとってプラスになるようなことも、自分はまだ気付いていないが、有るのではないか。（僕は）いつか、この事に気付く時が来ると思う。

直し方のポイント　第一の文の主語「自分にとってプラスになるようなことも」の結びである述語を忘れてしまって、新しい第二の文の主語「自分は」が現われている。第一の文の述語を書き込めばよい。

問一 次の①から⑦の文を主語に注目して正しく直しなさい。

① この話を読んで最初に思った事は、現代の日本で物を粗末にしすぎることを訴えているのだと思う。

② 自分に一番合う方法を見付けることが、何事にも共通して言えると思う。

③ 秋は、いろいろなものが淋しく悲しい事が起こるような気がする。

④ 私はあまり読書をする方ではありませんが、やはり、一冊の本の中には、自分自身で考えることとは違っています。

⑤ この本を読んで第一に感じたことは、やはり、戦争とは、絶対してはならないものだと思った。

⑥ 劉備の遺言は、「自分の子を助けてほしい。もし助けるに値しなければ、孔明、あなたに皇帝になってもらいたい」と言って死にました。

⑦ 私は昔、車と相撲をとって、死にそうになった事が、今まで起った事の中で一番印象深い出来事です。

(ii) 主語に付く助詞

主語のはっきりした明解な文を書くための重要なポイントの一つは助詞である。主語にはその語が主語であることを示す助詞が付けられ、またその助詞があることによって、その語が主語であることも明確になるのである。ここでは、主語に関して私たちがよく混同する、間違いやすい助詞について三つだけ解説する。

(1) 「が」と「を」の混同

一般に、「が」は主格を示し、「を」は目的格を示す助詞である。したがって主語には「が」を付けなければならない。

次のカッコに適する「が」か「を」を入れてみよう。

a　日記に決意（　）記す。
b　日記に決意（　）記されている。
c　私は水（　）飲みたい。

解説1　目的語は受け身にすれば主語

○日記に決意を〔目的語〕記す。
○日記に決意が〔主語〕記されている。

同じ単語で同じことを表現しても、受け身であるかないかで助詞が変わる。

解説2　文には動作を表す文（例：A君が荷物を持つ。）の他に、主観や能力を表す文（例：子どもは菓子が好きだ。）、あるいは状態や物を表す文などがある。動作を表す文の中の目的語と、主観・能力を表す文の対象語とは紛らわしい。

○私は水が飲みたい。

「私は水を〔目的語〕飲む。」は動作だが、「彼は水を〔目的語〕飲みたがる。」は客観的な状態、そして「私は水が〔対象語〕飲みたい。」は主観を表す。「水が」の「が」をやはり主格用法と見る立場もあるが、いわゆる主語・述語の関係とはやや異なるので、別のものと考える方が納得しやすいであろう。いずれにせよ、「私は水を飲みたい。」という表現はあまり好ましくない。

(2) 「は」と「には」の混同

「は」は強調を示す副助詞で主語にも付くが、「には」は連用修飾語句（動詞・形容詞・形容動詞など述語を修飾する語句）に付くだけである。（☆修飾語については「修飾語と被修飾語」の項参照）

○音楽には〔連用修飾語〕人間の心を伝える力を持っている〔述語〕。
○音楽は〔主語〕人間の心を伝える力を持っている〔述語〕。

後者は主語と述語の対応があり、正しいが、前者の「音楽には人間の心を伝える力を持っている。」は主語のない文で誤り。

○音楽には〔連用修飾語〕人間の心を伝える力が〔主語〕ある〔述語〕。

と、対応のある主語と述語を備えた文にする。

(3) 「は」と「が」と「の」の使い分け

「は」と「が」と「の」は、どれも主語に付くことの出来る助詞である。しかし、それぞれ使い方に特徴があり、使い方を誤ると意味が違ってしまうこともあるので、注意が必要である。

「は」は「主題を提示する助詞」と言われ、その文全体を支配する主語に付く。したがって、その主語は文全体をまとめる述語に対応することになる。

私は三郎が死んだ現場に次郎が居たと太郎が証言したのかと思った。

「が」は「主格を表す格助詞」と言われ、主語に付く代表的な助詞であるが、歴史的には「の」「が」ともに連体格用法から主格用法に発展したものである。この二助詞には、古くは受ける語の種類や待遇表現上の区別が認められた。中世以降、「が」は主格用法を第一用法とし、「の」は連体格助詞として固定化する傾向が見られるようになり現在に至るが、今も「の」の主語に付く場合が一つだけ残されている。それは連体修飾節（名詞を修飾する節）中の主語に付く場合である。主語に付く「の」は徐々に「が」に移行しており、ついには連体修飾節中の「の」も「が」となってしまうかも知れない。しかし、前の文で「が」と「の」を書き分けてみると、主語に付く「の」によって文意の取りやすくなってくることも理解できるだろう。

私は三郎の死んだ現場に次郎が居たと太郎が証言したのかと思った。

問一　次のａ・ｂ・ｃの三つの文は、主語に付く助詞「は」「が」「の」が違うだけである。どの文が正しいか。また、意味がどのように違うか説明しなさい。

ａ　高校三年生は補習授業の時にも全力を尽くせ。
ｂ　高校三年生が補習授業の時にも全力を尽くせ。
ｃ　高校三年生の補習授業の時にも全力を尽くせ。

問二　次の①～④の（　）に適する助詞を入れなさい。

①　私（　）もっと大きいの（　）欲しいと思った。
②　あなた（　）心（　）広い人ですね。
③　空港には多くの土産を大切に抱えた帰国労働者（　）あふれていた。
④　僕（　）この作品を読んで感じたこと（　）、主人公の強い体力と精神力でした。

c　修飾語と被修飾語

文の基本は主語と述語であるが、少し細かに主語や述語の形・状態を説明しようとすると

白い花が　とても美しい。

マラソン選手のA君は　黙々と走る。

というように、もとになる語を説明して飾る語が必要になる。この点線で示したような語句の使い方を「修飾」と言い、そのために使われる語句を修飾語、また、その語句によって修飾される語を被修飾語と言う。普通、修飾語は「花・A君」のような名詞（体言）を修飾する場合と、「美しい・走る」のような形容詞や動詞など（用言）を修飾する場合とに分けられ、それぞれ連体修飾語・連用修飾語と言われる。

ここで問題になるのは、修飾語と被修飾語との関係がはっきりしない場合と、副詞の呼応のように修飾語と被修飾語との間に、表現上、決まりのある場合である。

(1)　修飾語と被修飾語との関係がはっきりしない場合

例1　日記は貴重なその日その日の記録です。

訂正1　日記はその日その日の貴重な記録です。

訂正2　日記は貴重な、その日その日の記録です。

直し方のポイント　被修飾語になれる語が二つ以上あって、このままでは、どちらを修飾するのか明確でない。修飾語は被修飾語のすぐ上に置き（訂正1）、次の名詞を修飾しない場合は読点で切る（訂正2）。なお、被修飾語が「その日その日」であれば、例文のままでも修飾語が被修飾語の直前にきているので良いようであるが、この場合このままでは「その日その日」は「記録」の修飾語なので、全体として、やはり「記録」の修飾語になる。この場合、格好は悪いが「日記は、貴重なその日その日の、記録です。」とする。

例2　兄は弟のように賢いが美男子でない。

訂正1　兄は弟のように賢いが、美男子でない。

訂正2　兄は弟のように、賢いが美男子でない。

直し方のポイント　修飾語がどこまでを被修飾語としているのか、はっきりしない文である。「弟のように」が「賢い」だけを修飾しているならば、「賢い」で切り（訂正1）、以下全体を修飾しているならば「賢い」と「美男子でない」をまとめる（訂正2）。この内容の違いは兄にとっては殊更問題にはならないが、比較に使われた弟にとっては、美男子であるかないか全く正反対に取られる危険性があり、困る。この場合は読点だけで直るが、中には助詞の力を借りないと、被修飾語をはっきり出来ないものもある。

問一 次の文は、このままでは意味が二つ考えられる。それぞれの意味について、意味が正確に伝わる文に訂正しなさい。

① 兄は弟のように賢くない。

（　　　　）

（　　　　）

② あの夜、私は泣きながら花火をしている子を見ていた。

（　　　　）

（　　　　）

③ 美しい恋人の母がやって来た。

（　　　　）

（　　　　）

④ 子供たちのかわいがっていた花子ちゃんの犬が死んだ。

（　　　　）

（　　　　）

⑤ この物語により一層興味が湧いてきた。

（　　　　）

（　　　　）

(2) 修飾の仕方に決まりのある場合

例1　子供でも、その程度の仕事なら多分出来る。

訂正1　子供でも、その程度の仕事なら多分出来るだろう。

訂正2　子供でも、その程度の仕事なら、きっと出来る（だろう）。

直し方のポイント　「陳述の副詞」と呼ばれる「文末表現と呼応する副詞」は、その呼応を覚えて使わなければならない。「多分」のように推量で結ぶ副詞なら、文末は「〜だろう」（訂正1）。「きっと」のように確度の高い推量ならば「〜だろう」無しの常態でも良い（訂正2）。

覚えておきたい副詞の呼応		
打ち消し	☆決して　さっぱり　少しも　ちっとも　☆とても　ろくに	〜ない
否定推量	☆とても　まさか　よもや	〜ないだろう　〜まい
推量	多分　☆きっと　おそらく　さぞ　さぞかし　おおかた	〜だろう　〜でしょう
仮定	もし　仮に　たとい	〜なら　〜たら　〜でも　〜ても
比況	まるで　ちょうど　さも	〜ようだ　〜そうだ
疑問	なぜ　いつ　どうして　何ゆえ　何で	〜か
願望	どうか　どうぞ　ぜひ　ぜひとも　なにとぞ	〜ように　〜ください
詠嘆	なんと	〜だろう　〜か
禁止	決して	〜な

☆「決して」「とても」は、打ち消しと禁止・打ち消しと否定推量の場合があるので注意。「きっと」は確度の高い推量で「きっと〜だ」の形も可能。

問二　副詞の呼応に注意して、次の（　）に適当な言葉を入れ、文を完成しなさい。

① 今日の試験はさっぱり（　　　　）。

② もし核戦争が（　　　　）、地球は多分（　　　　）。

③ 仮にそれが事実で（　　　　）、彼に悪意があったとはとても（　　　　）。

例2　私は友達のまる子ちゃんとたまちゃんの家へ行った。
訂正1　私は友達のまる子ちゃんとたまちゃんとの家へ行った。
訂正2　私は友達のまる子ちゃんと（一緒に）、たまちゃんの家へ行った。

直し方のポイント　並列表現は同じ形で書くのが決まり。「まる子ちゃんとたまちゃんと」と同じ形で書けば、二人は文中で全く同じ立場にあり、修飾語「友達」にも被修飾語「家」へも同じように修飾されたり修飾したりすることになる。すなわち「まる子ちゃんの家とたまちゃんの家との二軒を訪問した」ことになる。なお「友達の」が無ければ、まる子ちゃんとたまちゃんが同じ家に住んでいることも考えられ「二人の家を訪問」とも解釈されるので、「まる子ちゃんの家とたまちゃんの家と」と同型の部分を長くすれば、文意はもっと明確になる。並列表現は主語の部分にも述語の部分にも現れるが、修飾語の場合は特に文意が不明瞭に成りやすいので注意が必要である。

問三　次の文を、並列表現に注意して、文意の明瞭な文に直しなさい。
①　私は生徒会代表として、生徒指導の先生と校長先生を訪ねた。
②　社会教育を専攻してきた人とか公民館活動に情熱を持っている人を望む。
③　私は琴も弾けるし、笛を吹く。

例3　僕はあまりプロ野球を観た記憶は少ない。
訂正1　僕はあまりプロ野球を観た記憶がない。
訂正2　僕がプロ野球を観た記憶は少ない。

直し方のポイント　程度を表す副詞・形容詞等を重複して使わない。どちらかを省く。

問四　重複に注意して次の文を直しなさい。
①　小学校四年生の時、引っ越したので、あまり友達と野球の試合などは前ほどやらなくなってしまった。
②　高校でのクラブ活動は、ほとんどの者が中学の時入っていた部を継続する者が多かった。

d 句読点

句点（。）も読点（、）も特に注意を払わないで書きがちであるが、読み手にとっては文脈をたどる上で無くてはならないものである。ここで特に注意の必要なものは次の三つである。

(1) 挿入文の終わりの句点とそれを含む本文の句点との混同

例1　憲法ですべての国民は健康で文化的な最低限度の生活を営む権利を有する。と保証されている。

訂正1　憲法ですべての国民は「健康で文化的な最低限度の生活を営む権利を有する。」と保証されている。

訂正2　憲法ですべての国民は、健康で文化的な最低限度の生活を営む権利を有する、と保証されている。

直し方のポイント　挿入文の終わりは、それを含む本文の終わりではない。挿入文に句点を付けるならば、それが挿入文であることをはっきりさせるために、直接話法的に「カッコ・棒線・のカギ」などでくくる（訂正1）。または句点を使わないで間接話法的に読点を付ける（訂正2）。

(2) 読点が無いと語句の切れ目の分からない場合

例2　ここではきものをぬぎなさい。

訂正1　ここで、はきものをぬぎなさい。

訂正2　ここでは、きものをぬぎなさい。

直し方のポイント　仮名文字や漢字やが幾つもの単語に渡って続く時は、単語の切れ目を読点で示す。ここでは、「履物」か「着物」かをはっきりさせる。

(3) 修飾語と被修飾語の関係がはっきりしない場合（「修飾語と被修飾語」の項参照）

問一　挿入文に注意して文脈の分かりやすい句読点表記、又は直接話法表記に直しなさい。

① これは本当の思いやりとは何でしょうか。ということを一番考えさせられる本です。

② ある日父は一緒にならんでみようと声をかけてきました。ならんでみるともう父とあまり差がありませんでした。

③ 母はこれじゃないのとある塗り薬を出して言った。私がこれでいいのと聞くと、母は自分でみてくれ、最近細かい字が見えなくなってきた。と深刻そうに言った。

問二 次の文は読点の打ち方によって意味が違ってくる。それぞれの打ち方をしなさい。

① きみはしらないのですか。
（　　　　　　　　　　　　）
（　　　　　　　　　　　　）

② 彼女は会社にはいらない。
（　　　　　　　　　　　　）
（　　　　　　　　　　　　）

③ 五と六の二倍はいくらですか。
（　　　　　　　　　　　　）
（　　　　　　　　　　　　）

④ 鬼ごっこで全力で逃げ回る相手を追いかけたこともあった。
（　　　　　　　　　　　　）
（　　　　　　　　　　　　）

⑤ 白い籠の中の鳥が歌っている。
（　　　　　　　　　　　　）
（　　　　　　　　　　　　）

問三 次の文を読点に注意して読み、㋐・㋑の文の一番大切な主語と述語を書きなさい。

① ㋐ 結核患者は、都会より田舎の方が暮らしやすい、と考えている。 主語（　　　）・述語（　　　）
㋑ 結核患者は都会より田舎の方が暮らしやすい、と考えている。 主語（　　　）・述語（　　　）

② ㋐ 静寂が狂暴なもの、愚しいもの、微笑むもの、痙縮したもの、世にも際どい平衡を示したものとに組み合わされて、耐え難い印象を私に与える。 主語（　　　）・述語（　　　）
㋑ 静寂が、狂暴なもの、愚しいもの、微笑むもの、痙縮したもの、世にも際どい平衡を示したものとに組み合わされて、耐え難い印象を私に与える。 主語（　　　）・述語（　　　）

e ダラダラ文

(1) 単文であるべき文を不用意に重文とした文

例 今朝は六時に起きて顔を洗い朝食を食べ、それと同時にテレビを見て、食べ終わると学校の時間割りをして学校へ行きました。

訂正 今朝は六時に起床。いつものように顔を洗い、朝食を取りながらテレビを見る。食べ終わると急いで学校の時間割りをして、家を出た。

直し方のポイント　短文にし、変化をつける。

(2) 主語に長い修飾節が付く文

例 昨日まで皆無であった食品が、今日はいっぱい陳列されている。

訂正 食品は、昨日まで皆無であったが、今日はいっぱい陳列されている。

直し方のポイント　主語は出来るだけ文頭に置く。

(3) 接続の関係の完了しない文

例1 行きたくない職場へ行ってもしょうがないと思ったので、事務系一本できたので、その点、担任の先生には心配をかけました。

訂正 行きたくない職場へ行ってもしょうがないと思ったので、事務系一本できました。その点、担任の先生には心配をかけました。

例2 交通事故で肩を痛めたが、骨には異常が無かったが、打撲で二週間も苦しんだが、今ではすっかり元気である。

訂正1 交通事故で肩を痛めたが、骨には異常が無かった。打撲で二週間苦しんだが、今ではすっかり元気である。

訂正2 交通事故で肩を痛めた。骨には異常が無かったが、打撲で二週間も苦しんだ。しかし、今ではすっかり元気である。

直し方のポイント　原因と結果を一つずつ完結させる。

(4) 主語と述語の関係の分かりにくい文

例 私は太郎が二郎が三郎が死んだ現場に居たと証言したのかと思った。

訂正 私は、三郎が死んだ現場に二郎が居たと太郎が証言したのかと思った。

直し方のポイント　ペアになる主語と述語は近くに置く。

問一　次のダラダラ文を歯切れの良い幾つかの短文に直しなさい。

① 私は短大へ行こうと思っていたので、二教科しか勉強していなかったので、四年制大学となると社会科も勉強しなくてはならないので、受験まで四ケ月という時点から、フルスピードで勉強することになった。

② 以前を思い起こせば、幾つかの後悔の念が私を襲ってくるような気がして、勉強に関しての過去は、あまり振り返らず、次の新しい事柄に、一生懸命向かっていこうと決心したのは、つい最近のことだ。

③ 高校三年の春から受験勉強を始めましたが、六月にある体育祭のために一時的にしなかったけれども、勉強をしなかった分いい体育祭が出来たと大いに満足しています。

④ 応援してくれた両親や先生には悪いのですが、この学校に入ったことを後悔していますが、これからの生活で、この学校で良かったと思えるような生活を送りたいと思っています。

⑤ 僕の出身校は進学校ではなく、大部分の人が専門学校に入ったり就職したりしてしまうので、学校全体が大学を受験するという環境ではなかったので、ほとんど勉強はしませんでした。

⑥ 僕は高校時代を通じて、あまり勉強をしませんでした。あまりしなかったのであって、全くしていなかったのではなくて、特に高校二年の頃は、かなり気合を入れてやっていました。

f 敬語

コミュニケーションをうまく図るには、敬語によって相手と適切な距離を保つことが大切である。敬語とは、いわばコミュニケーションの潤滑油なのである。親しい間柄では、敬語が多くなると、他人行儀で心のこもらない感じがするかもしれない。しかし、学校を卒業して社会に出ると、とりわけビジネスの世界では、言葉遣いで人物評価もされかねないから、常識的な敬語のルールは、わきまえておく必要がある。

敬語に慣れないうちは、敬語過多に陥ったり、自分のことに尊敬語を使ったりしがちになるものである。しかし、敬語は定型的なものであるから、その基本さえしっかりと把握しておけば、そのような失敗は防ぐことができる。

敬語は、一般的には相手を敬う「尊敬語」、自分を謙遜する「謙譲語」、言葉遣いを丁寧にする「丁寧語」の三種類に分類される。それぞれの表現の仕方は次のとおりである。

尊敬語

(1) 相手側の人の表現
例 あなた お父様 こちらの方 そちらさま ○○様（さん）

(2) 相手側に所属する事物の表現
例 芳名 お考え お宅 ご厚志 おみ足

(3) 相手側の動作・存在の表現
例 なさる 上がる 下さる おっしゃる いらっしゃる

(4) 相手側の性質・状態を指す表現
例 お偉い お美しい お寂しい お見事 ご立派

謙譲語

(1) 自分側の人の表現
例 わたし わたくし 母 当方 手前ども

(2) 自分側に所属する事物の表現
例 粗茶 私見 拙宅 寸志 弊社

(3) 自分側の動作・存在の表現
例 いたす いただく 承る 申す おる

丁寧語

(1) 接頭語を添えた表現
例 御飯 お茶 お花 お山のお猿はまりが好き

(2) 助動詞を添えた表現
例 咲きます 雨です いらっしゃいませ

(3) 「ございます」を添えた表現
例 お暑うございます 静かでございます

動作・存在の敬語表現は、一見すると複雑で、尊敬語と謙譲語とを見分けるのは難しいようであるが、動詞の敬語化は類型的で、次のようにパターン化することができる。

動作・存在の敬語表現には、このほかに敬語動詞というものがある。これは、別の語を伴わずにそれだけで敬意が表現できる動詞のことで、たとえば「おっしゃる」「いらっしゃる」「なさる」のような尊敬の動詞、「申す」「参る」「いたす」のような謙譲の動詞があ

尊敬表現

	型	例		
①	お・ご……になる	お書きになる	お読みになる	ご説明になる
②	(お・ご)……なさる	お受けなさる	お売りなさる	運転なさる
③	お・ご……下さる	お話し下さる	お教え下さる	ご注意下さる
④	……て下さる	譲って下さる	許して下さる	伝えて下さる
⑤	お・ご……です	お呼びです	お待ちです	ご出発です
⑥	……ていらっしゃる	座っていらっしゃる	考えていらっしゃる	見ていらっしゃる
⑦	……れる・られる	聞かれる	来られる	述べられる

る。また、「召し上がる」「ご覧に入れる」「お目にかける」のような別の言葉で言い換える敬語表現もある。上の敬語化の型による表現は、簡単で、重宝なものではある。しかし、敬意としては、敬語動詞や別語による言い換えの表現の方が高いので、こうした表現が無理なく使えるようにしたいものである。

謙譲表現

	型	例		
①	お・ご……いたす	お書きいたす	お読みいたす	ご説明いたす
②	……いたす	許可いたす	心配いたす	拝借いたす
③	お・ご……する	お受けする	お売りする	ご遠慮する
④	お・ご……申す	お話し申す	お教え申す	ご注意申す
⑤	……申す	協力申す	勝手申す	失礼申す
⑥	お・ご……申し上げる	お呼び申し上げる	お待ち申し上げる	ご案内申し上げる
⑦	……申し上げる	辞退申し上げる	祝福申し上げる	拝察申し上げる
⑧	お・ご……願う	お譲り願う	お許し願う	お伝え願う
⑨	お・ご……にあずかる	お招きにあずかる	お褒めにあずかる	ご紹介にあずかる
⑩	……ていただく	座っていただく	考えていただく	見ていただく
⑪	……(さ)せていただく	聞かせていただく	休ませていただく	来させていただく
⑫	お・ご……(を)いただく	お誘い(を)いただく	ご理解(を)いただく	
⑬	……て上げる	手伝って上げる	教えて上げる	持って上げる
⑭	……て差し上げる	見て差し上げる	貸して差し上げる	送って差し上げる
⑮	……上げる	存じ上げる	申し上げる	願い上げる

問一　次の表の空欄に入る言葉として最もふさわしいものを下の〔　〕の中から選び、空欄に記入しなさい。

原形	尊敬語	謙譲語
会う	お会いになる	
与える		
言う		
行く・来る		
思う	お思いになる	
聞く	お聞きになる	
する		
食う・飲む		
見せる	お見せになる	
見る		

〔申す・参る・いたす・下さる・なさる・拝見する・拝聴する・いただく・存ずる・召し上がる・ご覧になる・差し上げる・おっしゃる・お目にかかる・お目にかける・いらっしゃる〕

問二　次の①～⑩はいずれも敬語の用法が間違っている。正しい表現に改めなさい。

① 明日おいでの時に、印鑑をご持参下さい。
② お客様の申されるとおりでございます。
③ 皆さんお元気でございますか。
④ どうぞお菓子をいただいて下さい。
⑤ 先生はこのことを存じていらっしゃいますか。
⑥ お子さんに差し上げてください。
⑦ そのことを誰からうかがいましたか。
⑧ お顔の色が優れませんが、どうかいたしましたか。

⑨ 今度のご旅行は、関西方面に参られるそうです。

⑩ ○○様は、ここにはおられません。

問三 次の①~⑤はいずれも敬語の用法に誤りがある。それぞれの訂正例を参考にして、敬語の誤用とする理由を説明しなさい。

① ご紹介してくださった○○氏に、昨日会ってまいりました。

〈訂正例〉ご紹介下さった○○氏に、昨日会ってまいりました。

② ○○駅までの道筋をお教えしていただきたい。

〈訂正例〉○○駅までの道筋を教えていただきたい。

③ しばらくお待ちしていただきとう存じます。

〈訂正例〉しばらくお待ちいただきとう存じます。

④ 足元にお気をつけてください。

〈訂正例〉足元にお気をつけください。

⑤ 皆様の中に、ご欠席になられる方はございますか。

〈訂正例〉皆様の中に、ご欠席なさる方はいらっしゃいますか。

問四 次の①~⑤を後のA・B・Cの場合に適った敬語表現に直しなさい。

① すぐ行く。

② 明日来ると言った。

③ 寝る前に薬を飲む。

④ 北欧の白夜を見に行きたいと思う。

⑤ 来週の金曜日に出発することにした。

A 自分や家族のことを、目上の人に言う場合

B 目上の人のことを、目下の人や友人に言う場合

C 目上の人のことを、他の目上の人に言う場合

(四) 原稿用紙の使い方

原稿用紙は市販のものでは、四〇〇字詰め、二〇〇字詰めが普通であるが、目的によりさまざまな様式の原稿用紙が使われる。ここに説明するのは、縦書き用原稿用紙の場合である。横書き用原稿用紙の場合については、縦書き用の場合とおおむね同じであるので、主な相違点のみを後に掲げる。（後の具体例を参照すること）

(1) 題名は、通常、二行目の三〜四マス目から書く。ただし、原稿の長さによって適切に判断することが望ましい。たとえば、原稿用紙二、三枚程度の短かい文章なら一行目に書いてもかまわない。逆に、十枚、二十枚の長い文章の場合には、マス目にあまりこだわらず、三、四行目あたりに大きく書いてよい。

(2) 名前は、通常、題名から一行あけ、題名より下方に一マスおきくらいに書き、名前の最後の文字のあとに一マスあくようにする。学年や学科などの肩書きも書く場合は、短かい文章の場合には名前の上に書けばよいが、長い文章の場合には名前の前に一行とって書く。

(3) 本文は、通常、名前から一行あけて書き出す。文章の書き出しは、初めの一マスをあける。なお、短かい文章の場合や、字数制限のある場合などは名前の次の行から書き出してもよい。

(4) 段落が改まる場合は、行を変え、初めの一マスをあけて次の段落を書き出す。箇条書きをする場合も、初めの一マスをあけた方がよい。

(5) 会話文は行を改め、「　」（カギ括弧）でくくる。

(6) 句読点（。と、）や感嘆符（！）、疑問符（？）などの符号は一マス分をあてる。ただし、——や……は通常二マス分をあてる。

(7) 句読点や、閉じる括弧（」、）など）が行の最初に来る時には、前の行の最後のマスの中か、その後の欄外に書く。

(8) タテ書きの場合、数字は原則として漢数字を用いる。

(9) 引用文は、短かい場合には「　」か〈　〉でくくり、長い場合には、改行し引用文全体を本文より一段か二段下げる。

(10) 書名などを記す場合は『　』（二重カギ）でくくる。

※〈横書きの場合〉

次の二点は縦書きの場合と異なるので注意すること。

(1)読点（、）の代わりにカンマ（，）を用いる。

(2)数字は算用数字を用いる。ただし、慣用的な語、数量的な意味の薄い語、概数を示す場合などは原則として漢数字を用いる。

（例、八十八夜，一般的，数十万人）

（参考）

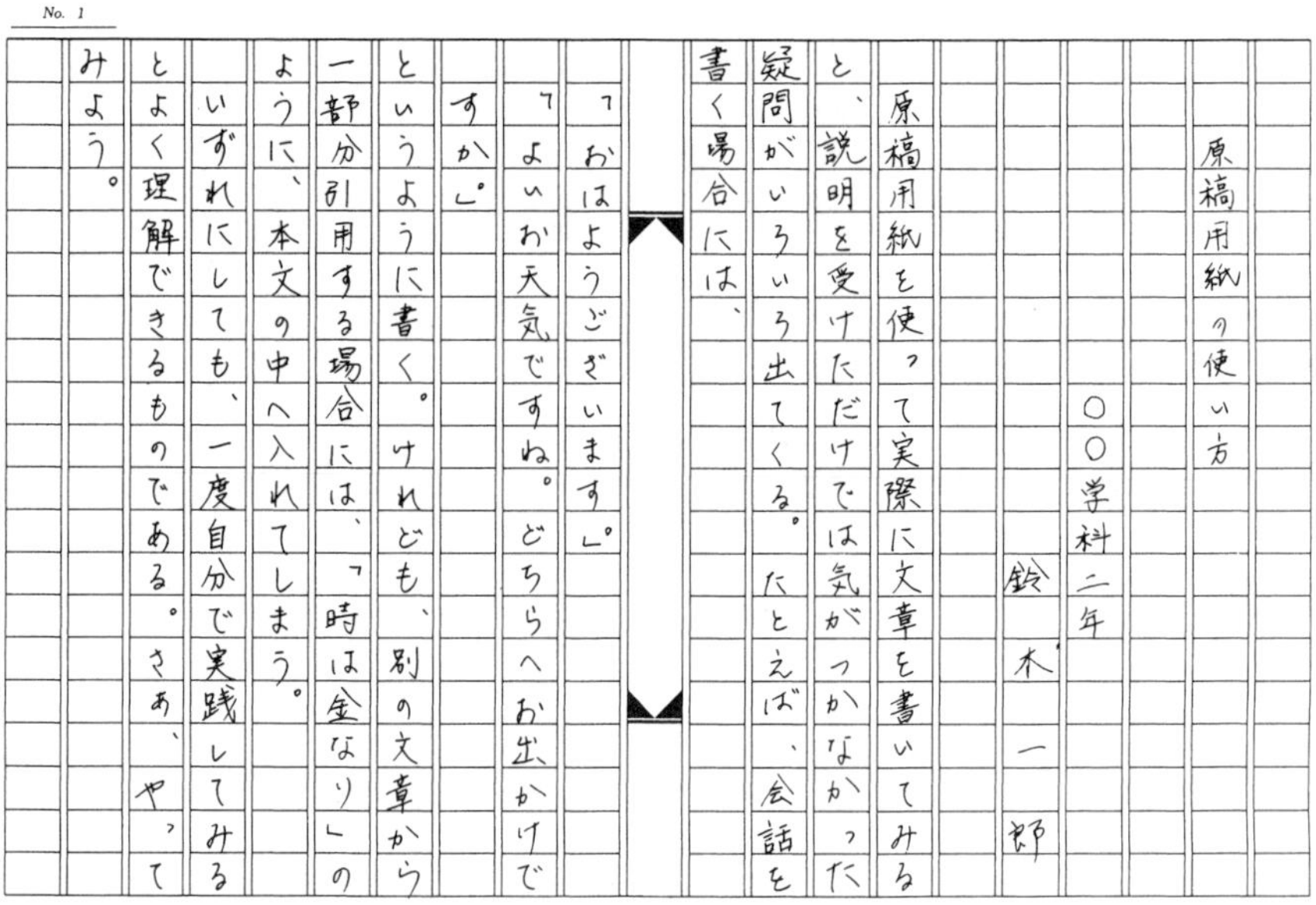
No. 1
原稿用紙の使い方
〇〇学科二年
鈴木一郎
原稿用紙を使って実際に文章を書いてみる
と、説明を受けただけでは気がつかなかった
疑問がいろいろ出てくる。たとえば、会話を
書く場合には、
「おはようございます。」
「よいお天気ですね。どちらへお出かけで
すか。」
というように書く。けれども、別の文章から
一部分引用する場合には、「時は金なり」の
ように、本文の中へ入れてしまう。
いずれにしても、一度自分で実践してみる
とよく理解できるものである。さあ、やって
みよう。

（注）会話文は、例では一段下げにしたが、本文と同じ段で書いてもよい。また会話文の」直前の句点は省略する場合がある。

※校正の仕方

原稿用紙に書いた後、やむを得ず訂正や加筆などをする場合は、次の例のように校正の記号を使って直す。

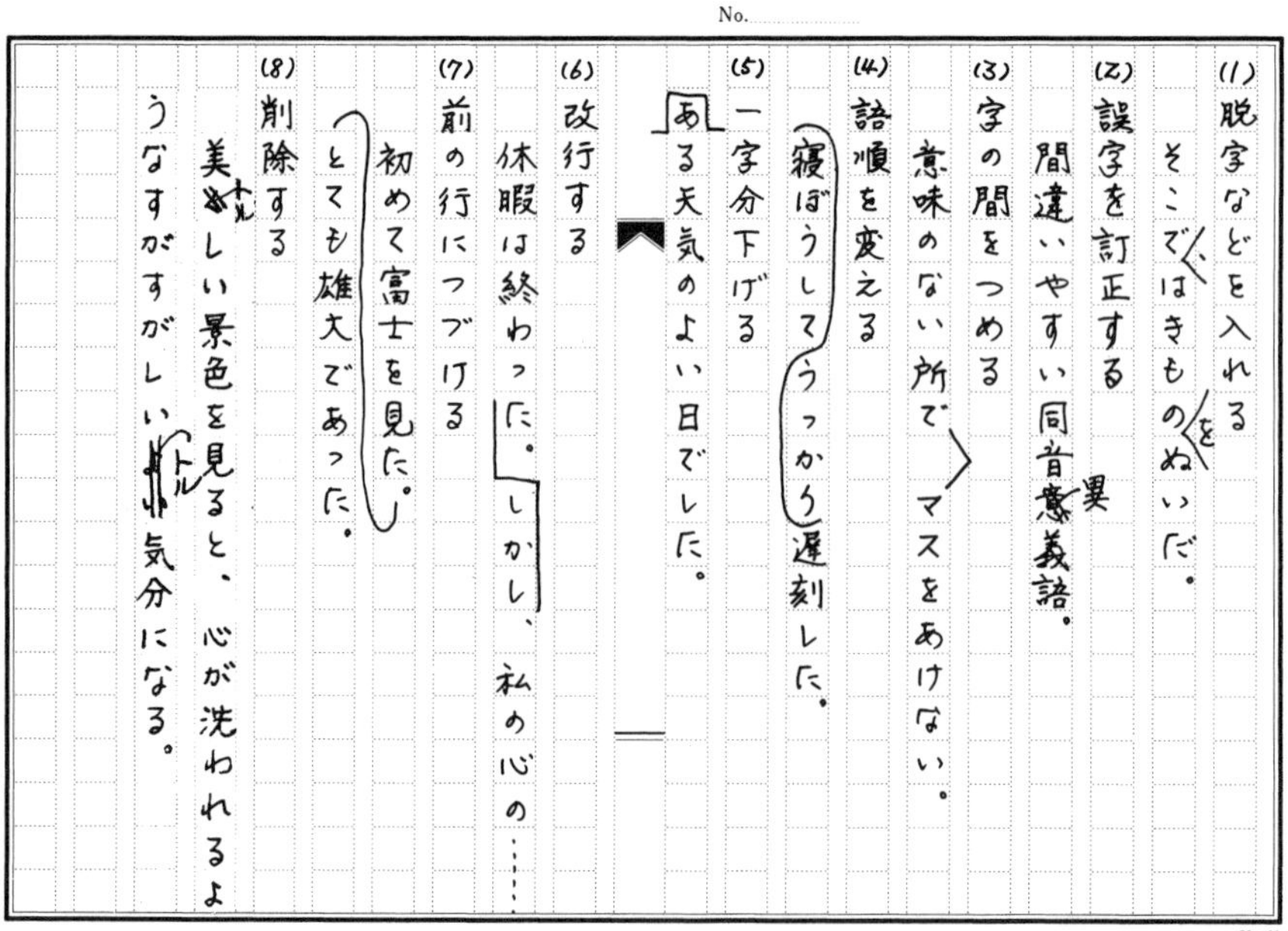
No.
(1) 脱字などを入れる
そこで、はきものをぬいだ。
(2) 誤字を訂正する
間違いやすい同音意義語。
異
(3) 字の間をつめる
意味のない所で　マスをあけない。
(4) 語順を変える
寝ぼうしてうっかり遅刻した。
(5) 一字分下げる
ある天気のよい日でした。
(6) 改行する
休暇は終わった。しかし、私の心の……
(7) 前の行につづける
初めて富士を見た。
とても雄大であった。
(8) 削除する
美しい景色を見ると、心が洗われるようなすがすがしい気分になる。
トル
20×20

問一　左の原稿用紙に書かれた文章で、原稿用紙の使い方の不適切な箇所を指摘しなさい。

「私の自画像」
、山田太郎
私は13歳の頃、鏡に映った自分の顔を見るの
がひどくいやであった。　それは、鏡の中に
、私のことを知りつくしたもうひとりの私が
いて、「お前の考えていることなど全部お見通
しだぞ」と言っているような気がしたからで
ある。　たぶんその時から、人と人との間に
生きている自分という人間を意識し始めたの
だと思う。
『偽善』ということについて考えたのもらよ

①　⑤
②　⑥
③　⑦
④　⑧

問二　次の原稿用紙に書かれた文章の中で、訂正すべき箇所を校正の記号を使って訂正しなさい。

No. 1

「潮騒」を読んで
この本を私は読む前に、以前、山口百恵と三
浦友和が主演した映画を見たことがある。
だから映画を思いだして大変面白く読むこ
とができました。
　もとも感動したのは新治が嵐の中を泳いで
ブイにロープを結びに行く場面であった。素
朴で純情で、気力があって、いかにも島の若
者らしいところがよかった。その新治の勇気
は、恋人である初江のやさしさと応対してい
る。　初江は島と乙女らしいやさしい娘であ
る。
　あわび採競走のあとで新治の母に対してと
った初江の体度によくそれが表われていた。
登上人物も皆いい人ばかりで、本当に美しい
物語であった。ところで、なぜこれほどまで
に人々の心の美しさに感動してしまうの
だろうか。私はそこに現代の日本人のモラル
の底下があるからだと思う。他人に対する思
いやりの心が今ほど希溥な時代はないような

20×20

問一 次の語句をそれぞれ縦書きにしなさい。

(a) 生徒数1580名
(b) 中区栄3—5—28
(c) 午前10時45分
(d) 電話（052）338—7411
(e) 昭和58年6月30日

問二 次の文章を原稿用紙に丁寧に書き写しなさい。

〈タテ書き〉

文章を書き表すための知識やテクニックだけを身につけていても、それだけではよい文章は書けない。基礎的な力の蓄積の上に、真実を求める鋭い目と、人生への真剣な取り組みが要求されるのである。「文は人なり」という名言の意味するところもそこにある。

〈ヨコ書き〉

昨今、クレジットカードの普及にはすさまじいものがあります。中には一人で二十枚も持っている人もいます。しかし、その一方で支払い不能となって「破産」する人の数も確実に増えていて、社会的にも問題となっています。

㈤　手紙の書き方

近頃は、手紙を書く人が少なくなったという。その最大の原因は、恐らく電話の普及ではないだろうか。

手紙では、相手の反応を一方的に想定しなければならないが、電話では、声の調子で相手の反応をうかがいながら会話を進めることができる。また、手紙の場合、手紙をポストに投函しに出掛けなければならないし、用件が相手に伝わるまでに時間がかかるが、電話ならば、相手に直接その場で用件を伝えることができる。このように手紙と電話とを比較すると、手紙が敬遠されるのは仕方ないことではあるが、手紙の利点も忘れてはならない。

第一に、手元に残るものであること。自分の好きな時に目を通せばいいし、何度も読み返すことができるから、用件が確実に正確に伝達できる。励ましや慰めの手紙、ラブレターならば、繰り返し読むたびに感動が深まるであろう。

第二に、礼儀が身につくものであること。相手の反応が分からないだけに、相手の立場、気持ちをよく察し、非礼にならないように十分注意しなければならない。電話は、確かに便利ではあるが、それは手軽さにも通じるため、丁重さに欠けるとも受け取られかねない。お礼やお詫びの気持ちは、電話よりも手紙で伝えた方が、誠意がよく表れることとであろう。

第三に、文章力を養うものであること。手紙は、特定の相手を意識して書かれるため、会話に近い文章といえる。しかし、話し言葉をそのまま文字に直すだけではいけない。会話では、言葉遣いに多少の誤りがあっても、さほど気にならないが、文字で書かれると読み返すことができるため、誤字、脱字、言葉の重複、助詞の誤りなどが気になるものである。文章力を身につけたいと思うならば、文章を書く機会を多くもつように心掛けることが大切である。まずは、恩師や会う機会の少なくなった友人などに手紙を書いてはどうであろうか。

a　手紙の形式

前文	頭語　時候の挨拶…………。 安否の挨拶（相手）（自分）…………。
主文	起辞、用件…………………………
末文	起辞、結びの挨拶…………。 結語
後付	日付 差出人名 宛名・敬称
副文	（追加の用件）

手紙には、形式、用語等についての慣例が古くからある。形式にあまりこだわっていると味気ない手紙になってしまうが、「親しき中にも礼儀あり」というように、親しい間柄でも、時と場合によっては礼儀を守るために形式を重んじなければならない。まして改

まった用件で目上の人に手紙を書くならば、一定の形式をきちんと踏まなければならない。

手紙の形式は、時代とともに変わりつつあるが、現代の一般的なものとしては前頁のとおりである。前文・主文・末文・後付からなっており、中心になるのは、言うまでもなく主文である。形式にこだわり過ぎて、主文よりも前文や末文の方が長くなってしまうのでは、本末転倒である。前文や末文は、主文の長さとのバランスをよく考えて書くようにしたい。

前文は、頭語・時候の挨拶・安否の挨拶・無沙汰の挨拶などからなる。頭語は、末文の結語との対応（例　拝啓――敬具・前略――草々）があるので、注意しなければならない。一般的には、この後にいくつかの挨拶が続くのであるが、急用の手紙・死亡の知らせ・お悔やみの手紙・災害見舞いの手紙などでは、挨拶を省いて用件にすぐに入る。

主文では、これから用件に入ることを明確にするために、「さて」「ところで」「このたび」などの起辞によって書き始める。主文は最も重要な部分である。アウトラインを書くなどして用件の内容をよく確認し、用件を過不足なく正確に伝えるようにする。

末文では、手紙文を終えるにあたっての挨拶をする。自分の文章を謙遜したり、先方の健康を祈ったり、今後のことを祈ったりする。その後、「右、用件のみ」「まずはお礼まで」「とりあえずご報告いたします」などと、手紙の目的を簡潔に述べる。最後に結語を書く。結語が頭語と対応することは、すでに述べたとおりである。

後付では、日付・差出人名・宛名を書く。日付は、一般的には月日だけでよいが、通知や案内、挨拶状では年月日を書く。差出人名では姓と名をきちんと書き、宛名でも姓と名を書く。特に改まった目上の人に対しては、以前は姓だけが正式であったが、現在は姓名を書くのが普通である。敬称は「様」が広く用いられているが、相手が恩師の場合は「先生」、団体の場合は「御中」を用いる。

副文では、「なお」「追伸」「追って」などの起辞を用い、本文で書き忘れたことや念を押したいことを手短に書く。ただし、慶弔の手紙や目上の人への手紙に副文を書くのは失礼になるので、書いてはいけない。

b　手紙のマナー

手紙を書くには、読み手への思いやりも大切である。相手が不快に感じたり、読みづらく思ったりしないように、次の点にも注意してほしい。

(1)　心をこめて丁寧に書く。達筆で読みづらい手紙よりも、一字一字きちんと書かれた手紙の方が、よい印象を与えるものである。

(2)　用紙は便箋を用いる。慶弔の手紙や目上の人への手紙には、白色の便箋に限られる。

(3)　インクの色は、ブルー・ブラックが一般的である。鉛筆で書くのはよくない。

(4)　忌み言葉に注意する。お祝いの手紙では、「別れる」「破れる」「流れる」「落ちる」「閉じる」などの言葉は避ける。また、結婚やお悔やみの手紙では、「重ね重ね」「返す返す」のような重ね言葉は避ける。

(5) 字配りに注意する。

○ 人名・地名・品名・熟語・金額・日付などを二行に分けて書いてはいけない。

○ 行頭に助詞や助動詞がこないようにする。

○ 「御」「尊」「貴」の字や、「あなた」「先生」「ご両親様」など相手に関係深い言葉が行末にこないようにする。

○ 「私」「拙宅」「当方」など自分に関係深い言葉が行頭にこないようにする。

c　封筒の書き方

封筒の文字は、楷書で正確に、読み易く書く。

相手の住所は、一行目に都・道・府・県・郡・市・区などの地名を、二行目に一字下げて町村名・番地を書く。字配りがよければ、一行におさめてもかまわない。相手の住所が「××方」の場合は、住所とは別行に「××様方」と敬称をつけて書く。

宛名は、封筒の中央に住所より一、二字分下げて大きめに書く。敬称は便箋の後付と同じものにし、後付が「先生」で封筒が「様」にならないように注意する。相手が二人以上の連名の時は、それぞれに敬称をつけ、目上の人から書く。特に、相手以外の人に読まれたくない手紙には、縦書きの場合は敬称の左側、横書きの場合は敬称の下に小さく「親展」と記しておくと、他の人が勝手に開封することはできない。

封筒の裏面には、差出人の住所・氏名、日付、封字を書く。

和封筒の場合、住所は封筒の上から三分の一あたりから書き、氏名は二分の一あたりから書く。従来は、中央の継ぎ目の右側に住所、左側に氏名を書いていたが、封筒の左側に郵便番号記入用の枠が印刷されている場合は、左側の部分に住所と氏名をまとめて書いてもかまわない。

日付は、住所・氏名を継ぎ目をはさんで書いた場合は、その左の部分のやや上の方に書き、継ぎ目の左側に書いた場合は、右の部分に書く。

封字には、普通は〆・封・緘などを用い、祝状では寿・賀を用いる。

洋封筒で縦書きの場合は、封じ口が右を向くようにし、住所・氏名は封じ目より左に寄せて書き、日付はその左肩に書く。封じ口を左向きにするのは凶事の時に限られているので、封じ目にはよく注意しなければならない。

横書きの場合は、封じ口が上に向くようにし、住所・氏名は封じ目より下に書き、日付はその左肩に書く。

洋封筒の封字は、和封筒の場合と同じである。

d　返信用葉書の書き方

出席・欠席の返事を必要とする案内状や招待状などでは、往復葉書を用いたり、封書に返信用の葉書を同封したりすることがよくある。そういう場合の返信は、つい事務的に済ませようとしてしまうが、やはり礼儀にかなった書き方をしたいものである。そこで、次の点に気をつけよう。

(1)　返信用の葉書の表側には、差出人の手間を省くために、返信先の住所・氏名がすでに書いてあり、氏名の下に「行」とある場合が多い。その場合、「行」を二本線で消して、宛名が個人であれば「様」、学校・会社などの団体であれば「御中」と敬称を書き添える。

(2)　出欠の返事の仕方が指示されている場合は、その方法に従う。葉書の裏側にすでに「出席」「欠席」とあれば、いずれの場合もそれぞれの下に「します」「いたします」などの言葉を添える。欠席の場合には、さらにその理由と、主催者あるいは幹事などに詫びを述べ、盛会を祈る言葉を書き添える。

(3)　差出人への敬語として「御出席」「御住所」「御氏名」「芳名」などが印刷されていたならば、「御」「芳」の字は二本線で消しておく。

　最近、「御芳名」という言葉を目にすることがあるが、本来は間違った表現である。「芳名」は「御氏名」と同じく他人の名前の尊敬語であるから、これに「御」をつける必要はない。したがって、もし返信用葉書に「御芳名」とあったならば、「御」だけではなく、「芳」の字も消さなければならない。

〈敬語表現〉

	相手の側の呼び方（尊敬表現）	自分の側の呼び方（謙遜表現）
父	お父様　お父上　御尊父	父
母	お母様　お母上　ご母堂	母
両親	ご両親様	父母　両親
夫	ご主人様　旦那様	夫　主人　宅　亭主
妻	奥様　令夫人　ご令室	妻　家内　女房
子	お子様　お子さん　お子様方	子ども　子どもたち　うちの子
男の子	ご令息　ご子息　ぼっちゃん	息　せがれ　愚息
女の子	ご令嬢　ご息女　お嬢様	娘
祖父	ご祖父様　祖父君　おじいさま	祖父
祖母	ご祖母様　祖母君　おばあさま	祖母
兄	お兄上　ご令兄　兄君　おにいさま	兄
姉	お姉上　ご令姉　姉君　おねえさま	姉
弟	ご令弟　弟さん	弟
妹	ご令妹　妹さん	妹
伯(叔)父	伯(叔)父上様　伯(叔)父様	伯(叔)父
伯(叔)母	伯(叔)母上様　伯(叔)母様	伯(叔)母
住居	お宅　貴家　貴邸　御地　そちら	小宅　拙宅　こちら
会社	貴社　御社	当社　弊社　小社
学校	貴校　御校	本校　当校　わが校
品物	佳品　美酒　美果　美菓	粗品　粗酒　粗果　粗菓
宴会	ご盛宴	小宴
手紙	貴簡　尊簡　芳書　お手紙	寸書　手紙　書状
気持ち	芳情　芳志　ご厚志	寸志　薄志　微志
意見	ご高見　ご高説　ご卓説	私見　私案　私考　愚見　愚案

例1　会社訪問の申し込み

拝啓　陽春のみぎり、貴社におかれましてはいよいよご清栄のこととお慶び申し上げます。

さて、さっそく私事を申し上げ、まことに恐縮に存じますが、会社訪問をお願いしたく、お手紙を差し上げました。

　私は○○専門学校○○科の○○○と申します。幼い頃から広告業界に就職するのが夢で、専門学校に進学しましたのも、広告についての知識や技術を早く身につけたかったからです。学校では、主にデザインの勉強をしていますが、また、広告が社会に及ぼす影響についての研究もしております。

　就職のシーズンをひかえ、現在、広告業界の研究中ですが、テレビや雑誌などで貴社の広告を拝見するたびに、その斬新なアイデアに心惹かれ、貴社に就職したい気持ちがますます強くなってまいりました。

　そこで、不躾ではございますが、是非とも貴社を訪問させていただきたく、このようにペンを執った次第です。御多忙の折、申し訳なく存じますが、よろしくお願い申し上げます。

　右、お願いまで。

敬具

○月○日

○○専門学校○○科　○○○○
（連絡先の住所・電話番号）

○○株式会社人事部人事課　御中

例2　会社訪問のお礼

拝啓　麦秋の候となりました。貴社におかれましてはますますご隆盛のこととお慶び申し上げます。

さて、本日は貴重なお時間をさいてご面接いただき、恐縮に存じます。

私は、かねてより貴社への就職を希望しておりましたので、会社訪問の機会をお与えくださったことに感謝申し上げます。業務内容のご説明や、社員としてばかりでなく社会人としての心得も伺うことができて、よい勉強をさせていただきました。想像していたとおりに素晴らしい会社で、入社したい気持ちがいよいよ強くなりました。

　面接のときはたいへん緊張いたしましたが、私なりに精一杯意欲をお伝えしたつもりです。評価の結果については、後日、ご連絡くださるとのこと。よいお知らせがいただけますように祈りながら、ご連絡をお待ちいたしております。

　取り急ぎ、会社訪問のお礼を申し上げます。

敬具

○月○日

○○○○

○○○○様

例3 クラス会の案内

拝啓　新緑もえる好季節を迎え，みなさまにはご健勝のこととお慶び申し上げます。

さて，私たちが○○高等学校を卒業して，早２年経ちました。慌ただしい歳月の推移をいかがお過ごしでしたか。久しぶりに懐かしい顔を合わせ，楽しい一時を過ごしたいと存じまして，クラス会を下記のとおり開催することになりました。

担任の中村先生，美術の市川先生もご出席くださいますので，ご多忙中とは存じますが，万障お繰り合わせのうえ，是非ともご出席くださるようお願い申し上げます。

なお準備の都合などもございますため，ご出席の可否は必ず４月30日（金）までに同封の葉書でご通知いただきますようお願いいたします。ご欠席の場合は，できましたら近況を一筆お書き添えください。

敬具

記

日時：５月15日（土）　午後３時～午後５時

場所：○○ホテル３階　レストラン○○

○○市○○町○○番地（○○ビル東隣）

☎（○○○）○○○－○○○○

会費：5,000円

以上

平成○○年４月15日

幹事　○　○　○　○

問一　頭語と結語とには、表現の丁寧さの程度による対応がある。次の表の〈　〉に入る言葉として最もふさわしいものを〔　〕の中から選び、〈　〉に記入しなさい。

	頭語	結語
普通に敬意を表す場合	〈　〉・啓上	〈　〉・拝具
丁重さを要する場合	〈　〉・粛啓	〈　〉・謹具
いきなり用件に入る場合	〈　〉・冠省	〈　〉・不一
返事の手紙の場合	〈　〉・復啓	〈　〉・拝具
特に急ぐ場合	〈　〉・急白	草々・〈　〉
同じ用件で再度書く場合	再啓・〈　〉	敬具・〈　〉

〔前略・拝具・急啓・不一・敬白・草々・敬具・追啓・拝復・謹啓・拝啓〕

問二　次の文章は、雑誌の記事について問い合わせる手紙である。□に適切な文字を一字ずつ補いなさい。

□□　月刊「スーパーランド」を毎号愛読させていただいております。

貴□五月号の記事について、次のことをお教えください。

・二十四ページのグラビアで外国人モデルの着用しているジャケットのメーカーと価格。

・七十五ページで紹介されているロック・グループの連絡先、もしそれがだめでしたら、今後の公演日程。

以上の二点です。ご□□のところまことに恐縮ですが、□□の葉書でご返事がいただければ□□です。

□、ご照会まで。　草々

問三 次の①〜⑱が時候の挨拶となるように、□に春・夏・秋・冬のいずれか一つを記入しなさい。

① 厳□の寒空に身も縮む思いです。
② 木犀の香りに□の深まりを覚えます。
③ 梅のほころびが□の訪れを告げております。
④ □の足音も聞こえ、柳も芽吹いてきました。
⑤ 入道雲の高さが□を謳歌しているようです。
⑥ さつきの赤がいかにも初□らしい明るさです。
⑦ 裸になった木々に□の訪れ近いのを感じます。
⑧ 読書の□、文庫本を一週間で三冊読みました。
⑨ 寒明けから、かえって、□が逆戻りしたようです。
⑩ □は名のみで、底冷えのする日が続いております。
⑪ 台風一過、抜けるような青空に□の到来を感じます。
⑫ 長雨が続き、□本番が待ち遠しい今日このごろです。
⑬ □将軍にどっかり居座られ、身動きさえままになりません。
⑭ □も終わりに近づき、虫の音が聞かれるようになりました。
⑮ 道に散り敷く落ち葉にも□の終わりがささやかれるようです。
⑯ 水ぬるむ□、川の流れも日ごとに速さを取り戻しております。
⑰ 立□の声は聞きましたものの、残暑のしつこさ、うらめしい限りです。
⑱ 木枯らしが吹くたびに、景色が□の色に塗り変えられてまいりました。

第二章　口頭表現

一　話しことば

(一) 話しことばの特徴

話しことばは、聞かれることを前提とした言語である。それに対し、書きことばは、黙読されることを前提とした言語だといえる。両者は、それぞれ異なった特徴を持つものである。

まず、書きことばの場合、書き手は、読者の反応を直接窺うことはできないし、読者と相互に具体的状況を共有することはできない。だが、事前に言葉の吟味が十分できる。また、読者は、わからなかったときには、読み返して理解しようとすることができる。

他方、話しことばは、その場で直ちに消滅する性質をもっているので、「話」そのものを推敲することはできない。聞き手も、聞きのがしたり、理解できなかった部分について、納得がいくまで何度もくり返し聞くという訳にはいかない。だが、話し手は、聞き手の反応を直接窺うことができ、その場の雰囲気、身ぶり、表情などを伝達のための補助として利用することができる。

人は、話すとき、聞き手の反応・態度によって、全部言い切らなかったり、話の筋を変えていったりする。相手によく伝わっていないと判断すると、言葉を補足したり、くり返したりすることもできる。瞬時にいろいろな対応をすることが要求されているともいえる。

(二) 話し方の基礎

仲間とのおしゃべりはとても楽しい。だが、ちょっと改まって、人前で話すということになると、「思うように話せない」「言葉遣いがうまくできない」といったことで悩む人が多い。そこで、ここでは、ちょっと改まって話す場合を中心に、話し方について考え、練習してみよう。

(1) 筋道を立てて話す

話す場合も、文章を書くときと同じで、筋道を立てて話すようにすることが大切である。「話」は、直ちに消滅してしまうものであるから、聞き手は、くり返し聞くことができない。そのため、あまりあちこちに話が飛んだり、筋道からそれて話を進めたりすると、聞き手は、話についていけなくなり、聞く意欲を失ってしまう。筋がしっかりした話であれば、その内容をよりスムーズに伝えることができるだろう。

まず三つの準備をしよう。

(a) 話す目的、意図をはっきりさせる。
(b) 何を伝えたいのか、話の主題を整理する。
(c) 主題を伝えるために、どんな話しことばで、どのような論理（筋道）を立てて話すかを決める。

例　自己紹介

私は、最初に赴任した保育園で、六年勤めまして、今年、今の保育園に移りまして、はじめて、ゼロ歳児を受け持ちました。ゼロ歳児というのは、初めは、寝かせますとそのままの格好でずっと寝ているという状態で、なんだか不思議でしたけれども、だんだん首を持ち上げたりするようになりまして、食事も、最初はミルクだけなんですけれども、そのうち、少しずつ他の食べ物も食べるようになります。食べ物といっても、どろっとしたものばかりで、色は食べ物らしいのですが、味のほうは、ほんとにこれが食べ物かというようなもので、今は、仕事が結構大変です。どうぞよろしくお願いします。

ある人の、保母の集まりでの自己紹介である。どうだろうか。話す目的、意図などが明らかであるのに、とてもわかりにくくなっている。まず、話し方が冗長である。「…まして」「…ですけれども」といった言葉でつぎつぎにつないでいるので、だらだらと聞こえるだろう。つぎに、現在の仕事の様子を分かってもらいたいためであろうが、ゼロ歳児の食べ物の様子や味などについて話している。この部分は、全体の筋道から見ると、脇道にそれているのではないか。自己紹介ということを考えれば、まず、はっきり名乗ってから、ゼロ歳児をどのように受け持っているのか、エピソードを一つぐらい交えながら、現在の自分を紹介すると良いのではないだろうか。

あくまで、話す目的、意図に沿って、筋道を立てて話すようにしよう。そして、わかりやすい言い方に心がけよう。

(2)　結論、要点から話す

書きことば（文章）の場合のように、序論・本論・結論の順で話すと、話がだらだらとして締まりがなくなってしまうことがある。そんなとき、聞き手は、話がどのように進み、どうなるのか見通しがつかず、いらいらする事になる。聞き手に不快感を与えず、積極的な姿勢で話を理解してもらうためには、まず、結論から話すようにしよう。そうすれば、聞き手は落ち着いて聞くことができ、話について行きやすい。

(3)　簡潔に話す

ⓐ　短い文で、要領良く話す。

いろいろなことを含めて話したい時がある。そうすると、どうしても、一度にいろいろな情報を詰めこんで話してしまいがちである。しかし、それでは、聞き手は、話の内容がつかみにくい。たとえば、一枚のじゅうたんの説明として、次のようだったらどうであろう。

このじゅうたんは、上等なウール百パーセントで、毛足が長くて、色合いも良くて、模様はいま流行のモダンなもので、広さも十分で、それに値段もすごく安かったのです。

このように、続けて一度になにもかも話そうとすると、情報が多すぎるためにかえってわかりにくくなってしまう。適当に短く話に区切りを付けたり、まず重要なことを話して、その後聞き手の反応を見ながら、情報を加えていったりすると良いだろう。また、内容をいくつかに分けて話すといった工夫をしてもよい。

しかし、短くまとめて話そうとしすぎて、省略が増えたりしないように注意しよう。省略のしすぎは、聞き手の誤解を招くことにもなるからである。

ⓑ 言いわけをしないよう心がける。

話し始めに、まず、言いわけをする人は大変多い。たとえば、「とつぜんご指名に預かりましたので、何からお話してよいやらわかりませんけれども、…」とか、「大急ぎでまとめましたので、準備も不十分で、お聞き苦しい点もあるかと思いますが…」など、何かことわってから話したくなるものである。これをすることによって、気持ちが落ち着くならば、やめてしまう必要はないだろう。しかし、これが、あまりに長く続くと、聞き手はうんざりしてしまう。できるだけ、ズバリ本題に入って行くように心がけよう。無駄のない話は、聞き手に緊張感を与え、内容をより鮮明に伝えることができるものである。

(4) よく聞こえるように話す

ⓐ 音声に注意を払う。

聞き違いのないように、はっきりと発音し、聞き手全員に聞こえるような大きさの声で話すことが大切である。日本語は、否定、肯定が語尾でなされるものであるから、語尾までしっかり聞き取れるように話すべきである。さらに、心をこめて話せば、聞き手に一層よく聞いてもらうことができる。

ⓑ 適度な速さと間で話す。

話す速さとして、聞きやすいのは、一分間に三百字程度だといわれる。適度な速さで話そう。また、沈黙も、話の一部分だといわれる。間は、文章における句読点のようなものである。適度に間を取ることも、上手な話の大切なポイントである。

ⓒ 良い姿勢で話す。

聞き取りやすい発声をするためには、良い姿勢を取ることも大切である。良い姿勢で、よく聞こえるように話そう。

(5) 表情、身振りを効果的に使う

話す場合は、すでに述べたように、聞き手と同じ「場」を共有することができるから、表情や身振りによっても、ある程度伝達できる部分がある。おおげさな表情や身振りは逆効果だが、適度なものであれば、話し手の意図を伝えるのに役立ち、効果を上げることができる。また、視線も、聞き手に話し手の熱意を伝え、聞き手をひきつける働きをするであろう。

(6) 耳障りな言葉癖に注意する

語尾の母音を延ばす「~でェ」「~がァ」というしゃべり方や、文尾を必ず「~ですけれども」と続けてしまうしゃべり方をする人がある。また、「あのー」「えー」のような言葉を頻用する人もある。このような癖は、聞き手にとっては耳障りである。自分の話し方に癖はないか考え、もし、あれば、それが耳障りにならないように注意しよう。なお、方言の使用も、聞き手に応じて配慮しよう。

(7) 聞き手の反応に応じて話す

「話」は、そのつど消滅していってしまうものである。そのため、キーワードなどを聞き逃すと、聞き手は、その話についていけなくなることがある。だから、聞き手の反応を見ながら、ある程度くり返したり、補足したりすることは必要である。

(8) 聞いてわかりにくい言葉をそのまま使うことは避ける

書きことばであれば、読むことによってわかる言葉も、それをそのまま聞いたのではよくわからない場合がある。

ⓐ　漢語、同音語、類音語

漢字は、いわゆる表意文字で、文字そのものが意味を示す役割を担っている。そのため、文字を見ないで発音だけ与えられた場合、その意味をとっさに理解できないことがある。たとえば、「カッカソウヨウ」というような漢語だけで与えられても、「隔靴搔痒」という文字をすぐに思い浮かべて理解するのは大変である。中でも、同音語や、類音語は、聞き違いさえ招きやすい。同音語は、とても多く、たとえば、「ヘンタイ」も「変態」「変体」「編隊」などがある。「セイタイ」となると、「生態」「静態」「声帯」「政体」「生体」など、いくつもあげることができる。その中から、聞き手は、この場合はどれなのか、判断しなければならない。誤解が生ずる可能性は高いだろう。また、類音語としては、ゲンジツ（現実）とゲンミツ（厳密）、ジキュウ（自給）とジュキュウ（需給）、ビョウイン（病院）とビヨウイン（美容院）、ブンショ（文書）とブンショウ（文章）などがある。これも、聞き違い・誤解を招きやすいので、使用する際は、注意を要する。

ⓑ　略語、専門語

一つの言葉も、短く言って通じるなら、短く言いたい。そのため、略語は多い。たとえば、ガクシ（学級指導）、アサレン（早朝練習）などがある。しかし、それが何の省略なのか知らない人にとっては、それは、まったく訳のわからない言葉に過ぎないものである。

また、専門的な話をする場合、どうしても、専門語を使って話す事になるが、これも、聞き手によってはわからないものである。たとえば、ある医師が、患者に、「食間に飲んでください」といって薬を渡したところ、その患者は、「なんという面倒な飲みかただ」と思いながら一口食べては薬をのみ、また一口食べては薬を飲んだという笑い話がある。医師にとって、「食間」とは、当たり前の用語かも知れないが、それを知らない患者の身になってみれば、「食事と食事の間に飲んでください」と、なぜ言ってもらえないのだろうかということになるだろう。

このように、一部の人にしかわからない可能性のある言葉を使用する場合、説明を加えるなど相応な配慮をしなければならないだろう。

ⓒ　外来語、外国語

外来語、外国語を使う機会が増えた。聞き手にとって、印象的に聞こえる場合があり、用い方によっては、効果的なこともある。だが、書きことば以上に、話しことばでそれを多用すると、聞き手がついてこれなくなってしまうことがある。それらを聞き取ることがやや難しい上に、そのなかで、知らない語があったりする可能性も高いからである。たとえば、「セグメント化されての多チャンネル放送系メディアは、ターゲット・マーケティング上の有効な広告メディア」、「美へのインスピレーションは、キャンバスに、シルクのスカーフに、そしてモードの中に無限に溢れ、自由なパリのエスプりそのままのアーティスト」というように続けられたらどうだろうか。聞き手は、正確な意味をつかみにくくなってしまうだろう。

どのような人にも理解してもらうためには、話し手は、できれば、こうした聞いてわかりにくい言葉は使わないようにしたい。やむを得ず使うときには、適当に説明を加えることが大切である。

(三) 話の形式

(1) 会話、対話

二人以上の人間が話し手と聞き手とに分かれ、随時交替しながら話し合うものである。この場合、まず、話し手は自分だけが話を独占しないように気をつけなければいけない。その場の雰囲気を壊す(白けさす)ような発言は避け、聞く人の身になって、分かりやすく話すようにする。お互い、話に夢中になってしまうと、おろそかになりがちであるが、聞きにくい口癖にも気を付けよう。

「話し上手は聞き上手」といわれる。聞き手も、会話の大切な担い手である。熱心に耳を傾けよう。

(2) 会議

いろいろな問題について、何人かで話し合い、結論を引き出そうとするものである。参加者のうち、司会者は、話し合いが筋道にそって進められるようまとめる。

発言者は、司会者の許可を得て、発言するようにする。感情的な発言は避け、積極的に、率直な意見を述べよう。

聞き手は、他人の意見をよく聞く。感情的にならないように、また、強い態度で発言する人の意見に流されないよう注意しよう。

全員が、よりよい結論を引き出すよう協力することが大切である。

(3) 講演、報告など

一人の話し手が、大勢の聴衆に向かって話をする場合である。

話し手は、そのときの聴衆にふさわしい内容を選び、話が、予定の時間内におさまるようにする。適度な速さ(一分間に三百字程度のスピード)で、後方の人にまではっきり聞こえるように発声する。聴衆に不快感を与えないよう、その場にふさわしい態度や服装でのぞむと良い。話しながら、聴衆の反応に注意し、時には、ユーモラスな話を入れたりしてみるのも良いだろう。また、聴衆に手がかりを与えるために、参考資料を配布することも良いだろう。

聞き手が、おしゃべりをしたり、脇を向いたりしていると、話し手は、話す意欲をなくしてしまう。聞き手は、そのような態度は慎み、よく聞くようにしよう。

問一　A　次の文は緊急放送の原稿です。聞き手にとってさらにわかりやすくなるよう直しなさい。後に示すア～キの要素を手がかりにして、話の順序や表現も考えてみなさい。

> 小中学校のみなさんは、登校する時間になりましたが、ただ今、大雨洪水注意報が、大雨洪水警報になりました。しばらくの間、登校を見合わせ、解除になり次第すぐに登校できる準備をして、自宅で待機していてください。

ア　登校する時間になりました。
イ　大雨洪水注意報が、大雨洪水警報になりました。
ウ　大雨洪水警報が発令されました。
エ　しばらくの間、登校を見合わせてください。
オ　解除になり次第登校できるよう準備をしていてください。
カ　自宅で待機していてください。
キ　小中学校のみなさん。

B　次の話を、結論、要点から話すように注意して直してみよう。

①　私の趣味といっても、以前は、魚釣やラジコンなんかにとても凝って、かなりのお金を遣ってきた覚えがたくさんありましたが、今では、そういったものには関心がなく、全然やっていません。
②　僕の趣味は読書ですと言えるほどたくさんの本を読んだわけではありませんが、最近では、よく本を読むようになりました。
③　今日は、雨が降りましたので、行こうかどうしようか迷ったのですが、A君がどうしても行こうと言いますので、それでは行こうかと言いましたら、S君が、雨が降っては、行っても仕方がないと言いましたので、A君を説得して、来週行くことにし、工場見学はやめたのです。

問二　次の話を読んで、後の問いに答えなさい。

　私自身不肖ではありますが、このたび、研修委員会会長を務めさせていただくことになりました。大変重要な仕事を私のようなものがいたしましたのでは、皆様方にご迷惑をおかけするだけだとは存じますが、精一杯務めて参りたいと存じますので、どうかよろしくお願いいたします。さて、今年は、皆さまのご希望に添えないこともあるとは思いますが、まず、研修会を通して、会員の皆さまに多数参加していただき、講師の先生の話はもとより、活発な意見交換をしていただけるよう、講師とのパイプ役になり、楽しく有意義な研修会にしたいと思っています。

①　この話には、いわゆる言いわけがとても多い。その言いわけ部分をすべて抜き出しなさい。
②　言いわけ部分を抜き出した残りの部分だけで、一つの話にしてみよう。
③　②で作った話を短文に区切り、聞きやすい話にしてみよう。

二　スピーチ

ここでは、オフィシャルな「口頭表現」の中で、その機会が比較的多い「自己紹介」「披露宴でのスピーチ」「口頭発表」について、具体的に留意点を述べてみる。

(一)　自己紹介

自己紹介とは、一言で言うならば、「自己（パーソナル・アイデンティティ）」を他者に知ってもらうことである。その際できるかぎり正確に「自己」を伝えることが必要であるが、私たちはそれぞれに、長所も短所もあわせ持った複雑な存在だから、自己紹介をする「時・場所」によって、「自己」のどの点を特に取り上げて知ってもらうかが問題になってくる。そのためには、「自己」についての深い認識がまずは必要になってくる。そして次に、認識した「自己」を正確に表現する話術が要求されよう。

そこでまず、「自己」を認識するうえでのポイントについて考えてみよう。

☆「自己（パーソナル・アイデンティティ）」の認識について

次のような観点から考えてみるとよいだろう。

ア　内面的な認識～性格、能力、人生観（信条）、趣味など

イ　外面的な認識～責任感、行動力、順法性、表現力、創造力など

ウ　時間的な認識～過去―生い立ち、印象（思い出）に残る事件など

現在―学校生活（ゼミ、サークル、勉強内容など）、アルバイト、社会活動、旅行、愛読書、スポーツなど

未来―目標、夢、希望など

エ　周囲についての認識～人間関係―父母、兄弟姉妹、先生、友人、尊敬する人など

社会関係―世界情勢、経済情勢、政治情勢など

以上これらの観点で一度じっくりと「自己」を見詰めて、文章にまとめておくとよいだろう。そして、自己紹介の際その場（状況）に応じて、「自己」のどんな点をポイントとして訴えるかを、あらかじめ考えておくべきであろう。

☆自己紹介の場（状況）について

様々な場（状況）が考えられるが、もっとも一般的には会社での場合であろう。その際状況としては主に次の二つの場合が考えられる。

ア　入社（面接）試験の場合

最近は入社希望者が多い場合、複数で面接が行われることもあるが、一般的には受験者が一人で、面接担当者が複数で行われる。

入社試験の自己紹介においては、特に前記のア、イの「自己」、すなわち、性格・能力・責任感・行動力・順法性・創造力などを、入社の希望動機と結び付けて話すとよいだろう。

イ　入社後（各部署）で行う場合

自己紹介のもっとも一般的なケースであろう。この場合には、特に前記のウ、エの「自己」、すなわち、学校生活の体験、スポーツや愛読書などの趣味、家庭環境など、いかに自己ＰＲをするかに心掛けて話すとよいだろう。

☆自己紹介の基本的なパターン

入社（面接）試験の場合は、面接担当者との質疑応答が入るだろうから、ここでは一般的に、入社後会社で行う場合を述べてみよう。

①　前置き～（1）氏名（2）職務などの現在の状況（地位）

②　本題～（1）略歴（2）職務上の経験（3）趣味・家族構成など

③　結び～依頼・印象を強くする適当な一言

☆話し方の基本

①　はっきり、ゆっくり、明るく、その場にふさわしい声量で話す。

②　聞き手の方をしっかり見詰めて話す。

③　適当にゼスチャーもまじえるとよい。

☆内容で注意すべき点

①　その場の状況を考えて自分の持ち時間を前もって計測する配慮が欲しい。あまり短かすぎても、長すぎてもいけない。

②　聞き手が全く関心がないような内容を入れない。

③　学歴、職歴、家柄、趣味などあまり自慢（自画自賛）しない。

問一　「自己」について、文中のア～エの観点で、文章にまとめてみなさい。

問二　皆の前で、自己紹介を行って、感想を聞いてみよう。

(二) 披露宴でのスピーチ

自己紹介が様々な場面（状況）が考えられるのに比べれば、披露宴のスピーチは場面がはっきりしている。以下にそれぞれの項目に分けて、留意点を述べておこう。

ア　基本的な心構え

*何よりも新郎・新婦に対する祝福の気持ちが表われるように心掛ける。

*また、両家や両親に対する祝福の気持ちも表われるようにするとよい。

イ　態度と表情

*ゆっくり落ち着いて話すように心掛ける。

*視線は原則的には新郎・新婦に向けるのであるが、話の内容、たとえば、新郎新婦のエピソードなどを披露するときには、出席者の方を見るなど内容に応じて体の向き（視線）を変えて話すとよい。

*無理に表情を作る必要はないが、おめでたい場であることを忘れず、自然な笑顔で話せばよい。時には適度なジェスチャーを交えるのもよい。

ウ　内容

*あくまで主人公の新郎新婦が引き立つように内容を組み立てる。

*自分が知っている新郎（新婦）のエピソードを話すとよいが、あまり度が過ぎた暴露話は避けて、微笑ましい内容のものにしたい。

*若い人たちだけに通用するような流行語や自分たちだけが知っている愛称は避けるようにしたい。

*上品な言葉で丁寧に話したいが、敬語があまりにも多すぎないように注意するとよい。

*自分より先に話した人のスピーチをうまく利用するとよい。（それくらいの余裕があるといいスピーチができるだろう。）

*当然のことだが、おめでたい席であるから「忌み言葉」は避けるようにしたい。しかし余りそれにこだわりすぎてスピーチが萎縮しないようにする。

エ　その他の心構え

*あらかじめ原稿を書いて内容をまとめる。しかし当日には、その内容を丸暗記して話さないほうがよい。その場の雰囲気をつかんで適宜アドリブを交えたほうがよいスピーチになるだろう。

*あらかじめテープで録音して練習をするとよいだろう。

問　自分の親しい友人の結婚式を想定して、「スピーチ」を書いてみなさい。それを皆の前で発表して、感想を聞いてみよう。

㈢　口頭発表

何よりも発表内容の出来栄えが問題であり、発表のテクニックがいかにうまくても、内容が悪くては当然説得力はない。ここでは内容を良しとして、一般的な留意点を簡単に述べておこう。

ア　発表内容を事前に書き留める時間があれば、書き留めておくのがよいだろう。

イ　ただし、書き留めた「文章」にこだわりすぎて、それを「読む」ことに終始するのは避けるべきである。あくまで口頭発表であるから、聞き手のほうに目線をしっかり向けて「話す」ことが必要である。

ウ　主要事項については、語句や短文の形で順序よく書いておくとよい。また資料についても発表の流れに従って、クリップで止めるなどしておく。

エ　発表の時間配分をあらかじめよく考えておく。大体は予定よりも長くなるから、結論を先に述べるのも賢明な方法である。

オ　質問の予想を立てておき、その答えを準備しておくとよいだろう。

三　電　話

スピード時代といわれる現代、手紙の往復や訪問の時間を節約する道具として、電話は私たちの生活に大いに役立っている。用件を連絡したり、おしゃべりを楽しんだりと、電話をかける機会は多いであろうが、慣れているだけに、電話のマナーもついルール違反になりがちになる。電話のエチケットとして、次にあげるようなマナーぐらいは守りたいものである。

(一)　かけるマナー

○急用の場合以外は、早朝、深夜には電話をかけない。

電話は「声の訪問者」である。時間帯、先方の状況を考えてからかけるようにする。

○電話をかける前に、用件を整理しておく。

用件をメモ用紙等に整理しておくと、話がスムーズに進み、時間の節約にもなる。

○先方が出たら、まず自分の名前を名乗る。

電話をかけると、「○○でございます」などと先方が名乗るのが普通であるが、名乗らない場合は、「○○ですが、△△さんでいらっしゃいますか」「○○ですが、△△さんお願いします」などと名乗り、相手を確認してから用件に入る。

○話が長引く時や、返事のいる用件の時は、先方の都合を聞く。

話が長くなりそうな時や、その場で返事の欲しい時は、まず先方の了承を得るようにする。もし先方が忙しかったりしたら都合を聞き、指定された時間にかけ直す。

(二)　受けるマナー

○受話器を取ったら、まず自分の名前を名乗る。

もし手が離せなくて相手を待たせた時には、「お待たせいたしました。○○でございます」と、一言つけ加えてから名乗る。

○手の離せない時は先方にその旨を告げ、かけ直す。

何かに気を取られ、話し方がぞんざいになったりしたら、先方に失礼である。「今～で手が離せませんので、後ほどこちらからおかけします」と自分の状況を話し、先方に了解してもらう。

○長電話の後にかかってきた電話には、取り敢えず詫びておく。

長電話の後、受話器を置いたとたんに電話がかかってくることがある。こんな時、先方は電話をかけ直して、いらいらしていたかも知れない。そこで「今まで電話をしていましたが、何度かおかけ下さったのではありませんか。もしそうだったら、申し訳ございません」と言い添えておく。

お礼やお詫びを言いながら電話に向かってお辞儀をしている人は、滑稽かも知れない。しかし、たとえ相手に姿は見えなくても、このような誠意を込めた話し方は大切なことである。電話は、かけ方ひとつで自分の人柄が判断されてしまう道具である。たかが電話と思わず、常にこのことは忘れないでいてほしい。

例　会社訪問の申し込み

交換手「はい、○○観光でございます。」

山　田「わたくし、○○女子短期大学の山田和子と申します。恐れ入りますが、人事部の三浦さんをお願いいたします。」

◇　◇

人事部「はい、人事部です。」

山　田「わたくし、○○女子短期大学の山田和子と申します。会社訪問の件でお願いがございまして、お電話を差し上げました。恐れ入りますが、三浦さんをお願いいたします。」

三　浦「はい、三浦です。」

山　田「人事採用担当の三浦さんでいらっしゃいますか。わたくし、初めてお電話いたします○○女子短期大学の山田和子と申します。学校でそちら様の求人票を拝見しまして、お電話を差し上げたのですが、もしお忙しいのでしたら、後ほどかけ直させていただきますが。」

三　浦「結構ですよ。」

山　田「ありがとうございます。実はわたくし、旅行業関係の会社を第一希望としておりまして、かねてからそちら様にはたいへん関心を持っております。それで、できましたら、仕事の詳しい内容や社風などを直接お伺いしたいと存じまして、お電話させていただきました。お忙しいなか、申し訳ございませんが、一度お会い下さらないでしょうか。」

三　浦「会社訪問ですね。では、×月×日の午後×時に社の方まで来ていただけますか。」

山　田「はい、分かりました。それでは、×月×日の午後×時に伺わせていただきますので、よろしくお願いいたします。今日はどうもありがとうございました。では、失礼いたします。」

＊注意＊

- 人事担当者の所属と氏名は、求人票で必ず確認しておく。
- 電話をかける時間帯は、午前なら一〇時～一一時、午後なら二時～三時が望ましい。昼休み前後と業務終了間際は避ける。
- 電話は、静かな場所からかける。
- 適度なスピードで、はっきりと話す。
- 人事担当者が席をはずしている時は、いつ電話をかけ直したらよいかを聞く。そして、電話に出た人に伝言を頼んでおき、その人の名前も聞いておく。
- 日時などが決まったら、その場で復唱し、必ずメモをしておく。

問　次の電話の応対に不備な点がないかを検討しなさい。

A　「はい、中商です。」
B　「もしもし、中部商事ですか。」
A　「はい、中商です。」
B　「中部商事ですね。」
A　「はい、そうです。どちら様でしょうか。」
B　「ああ、こちらは山田製作所の販売課です。課長の加藤さんはいらっしゃいますか。」
A　「ただ今ほかの電話に出ておりますので、少々お待ち下さい。」
　　——オルゴール——
加藤「もしもし、加藤ですが。」
B　「山田製作所の販売課です。先日お送り致しました新製品発表展示会のご案内状は見ていただけましたか。」
加藤「いいえ、私のところにはまだ届いていませんが。」
B　「そうですか？　もう、そろそろ着くと思いますが、ぜひお出かけ下さい。」
加藤「どうもご丁寧に。それで、どんなものが展示されているんですか。」
B　「えっ？　ちょっとお待ち下さい。……確か複写機が中心だったと思います。ともかくご案内状をご覧になって下さい。」

執筆者一覧
愛知峰子　第二章　一　話しことば
池村奈代美　第一章　二　用語
大橋和華　第一章　三　表現技術のうち㈢のａｂｃｄｅ
掛布景子　第一章　一　用字
杉本和弘　第一章　三　表現技術のうち㈠㈡㈣
永田典子　第一章　三　表現技術のうち㈢のｆ、㈤
第二章　三　電話
藤掛和美　第二章　二　スピーチ

改訂協力者
石川稔子　小木曽千代子　高木　徹

すぐに役立つ 国語表現〔第３版〕

1991年３月　第１版　第１刷　発行
1993年３月　第２版　第１刷　発行
2000年３月　第３版　第１刷　発行
2019年４月　第３版　第15刷　発行

編　者　国語表現法研究会
発行者　発田和子
発行所　株式会社 学術図書出版社
〒113-0033　東京都文京区本郷５－４－６
TEL 03〈3811〉0889　振替 00110-4-28454
印刷　三和印刷（株）

定価はカバーに表示してあります．

ISBN 978-4-87361-752-7

問一　次の語句をA訓令式（第１表）、Bヘボン式のローマ字表記で書きなさい。

	①　東京	②　社会	③　現状	④　出発	⑤　分業
A	（　）	（　）	（　）	（　）	（　）
B	（　）	（　）	（　）	（　）	（　）

	⑥　兄	⑦　安易	⑧　人員	⑨　深夜	⑩　寛容
A	（　）	（　）	（　）	（　）	（　）
B	（　）	（　）	（　）	（　）	（　）

問二　次のヘボン式ローマ字表記にあたる日本語をそれぞれ３語ずつ答えなさい。

①　kôkô　（　　）

②　tôshi　（　　）

③　kôyû　（　　）

④　kôri　（　　）

⑤　hêki　（　　）

学　科
クラス
番　号
氏　名

問一　次の語句をA訓令式（第１表）、Bヘボン式のローマ字表記で書きなさい。

	① 準備	② 担保	③ 緩慢	④ 感覚	⑤ 反対
A	（　　）	（　　）	（　　）	（　　）	（　　）
B	（　　）	（　　）	（　　）	（　　）	（　　）

	⑥ 出張	⑦ 合致	⑧ 裕福	⑨ 浮上	⑩ 不自由
A	（　　）	（　　）	（　　）	（　　）	（　　）
B	（　　）	（　　）	（　　）	（　　）	（　　）

問二　次の語句をA訓令式（第１表）、Bヘボン式のローマ字表記で書きなさい。

	① 力ずくで	② お小遣い	③ うなずいた	④ ひとつずつ	⑤ こんにちは
A	（　　）	（　　）	（　　）	（　　）	（　　）
B	（　　）	（　　）	（　　）	（　　）	（　　）

	⑥ 地震だ	⑦ 伸び縮み	⑧ 身近な	⑨ 駅へ行く	⑩ 町を歩く
A	（　　）	（　　）	（　　）	（　　）	（　　）
B	（　　）	（　　）	（　　）	（　　）	（　　）

学　科
クラス
番　号
氏　名

問一　各自の住所と氏名をA訓令式（第1表）、Bヘボン式のローマ字表記で書きなさい。

住所　A

　　　B

氏名　A

　　　B

問二　次の文章をA訓令式（第1表）、Bヘボン式のローマ字表記で書きなさい。

　今般、仕入れ先のご協力により、供給量増加が実現し、より一層有利な価格でご提供できることになりました。

A

B

学　科
クラス
番　号
氏　名

学科	クラス	番号	氏名

問一　仮名遣いとして、正しいものを選びなさい。

①凍結（とうけつ・とおけつ）　⑥豪雨（ごうう・ごおう）
②缶詰（かんずめ・かんづめ）　⑦唯一（ゆいつ・ゆいいつ）
③字面（じずら・じづら）　⑧憂鬱（ゆううつ・ゆうつ）
④稲妻（いなづま・いなずま）　⑨家中（いえじゅう・いえぢゅう）
⑤融通（ゆうずう・ゆうづう）

問二　現代仮名遣いとして、正しいものはどれか。番号で答えなさい。

①こんにちは　②気づく　③あるいは　④　ひとりづつ
⑤どおして　⑥こうゆうこと　⑦ああしたいこうしたい
⑧では、始めます　⑨いぢめる　⑩まずい

（　　　　　　　　　　　　　　　）

問三　次の語句はそれぞれ同じ漢字を使います。送り仮名に傍線をつけなさい。

①（陥）　a　おちいる　b　おとしいれる
②（細）　a　ほそい　b　こまかい
③（覆）　a　おおう　b　くつがえる
④（冷）　a　ひえる　b　つめたい
⑤（省）　a　はぶく　b　かえりみる
⑥（汚）　a　けがれ　b　よごれ
⑦（上）　a　あがる　b　のぼる
⑧（行）　a　いく　b　おこなう
⑨（速）　a　はやい　b　すみやか
⑩（止）　a　とめる　b　やむ

学科	クラス	番号	氏名

問一　仮名遣いとして、正しいものを選びなさい。

①一途（いちず・いちづ）
②間近に（まぢか・まじか）
③大通り（おおどう・おおどお）り
④難しい（むずか・むづか）しい
⑤直に（じか・ぢか）に
⑥原因（げいいん・げんいん）
⑦短い（みじか・みぢか）い
⑧哀れ（あわ・あは）れ
⑨舌鼓（したつづみ・したづつみ）
⑩図面（づめん・ずめん）

問二　現代仮名遣いとして、正しいものはどれか。番号で答えなさい。

①つまづく　②きおつける　③はづかしい　④おのずから
⑤うなずく　⑥とおろぎ　⑦くつずれ　⑧わづかな
⑨いずれ、連絡します　⑩指示のとうりに実行しなさい

（　　　　）

問三　次の漢字について、送り仮名の正しい方を選びなさい。

①おびやかす（脅かす・脅やかす・脅す）
②あじわう（味う・味わう）
③しめる（占める・占る）
④たすける（助る・助ける）
⑤すくない（少くない・少ない・少い）
⑥すこし（少こし・少し）
⑦あかるい（明かるい・明るい・明い）
⑧くやしい（悔しい・悔い）
⑨うけたまわる（承まわる・承わる・承る）
⑩ことなる（異なる・異る）

学科	
クラス	
番号	
氏名	

問一 仮名遣いに注意して、次の語句に読み仮名をつけなさい。

① 覆う（　　　）
② 続く（　　　）
③ 著しい（　　　）
④ 遠い（　　　）
⑤ 炎（　　　）
⑥ 頬（　　　）
⑦ 凍る（　　　）
⑧ 縮む（　　　）
⑨ 十日（　　　）
⑩ 凍結（　　　）

問二 次の漢字について、送り仮名の正しい方を選びなさい。

① とどこおる（滞とおる・滞おる・滞る）
② あざやか（鮮やか・鮮か）
③ なめらか（滑らか・滑か）
④ あかす（明かす・明す）
⑤ たずさえる（携さえる・携える・携る）
⑥ そめる（染める・染る）
⑦ かならず（必らず・必ず）
⑧ うしろ（後ろ・後）
⑨ おもむき（趣むき・趣き・趣）
⑩ はじ（恥じ・恥）

問三 次の中から送り仮名の正しいものを選んで、記号で答えなさい。

① 光がまぶしい
② 祭がたのしみ
③ 情（なさけ）をかける
④ 山の頂き
⑤ 香りのよい花
⑥ 野鳥の群（むれ）
⑦ 全く知らない
⑧ 話しを聞く
⑨ 災い
⑩ 舞を舞う

（　　　）（　　　）

学科	クラス	番号	氏名

問一　傍線部の漢字の読み仮名を答えなさい。

① 敵を侮ると痛い目にあう（　　）
② 慌てて忘れ物をした（　　）
③ 哀れな境遇（　　）
④ 非人道的な振る舞いに憤る（　　）
⑤ 潔い最期（　　）
⑥ 差が著しい（　　）
⑦ 母の慈しみ（　　）
⑧ 身分を偽る（　　）
⑨ お話を承る（　　）
⑩ お宅に伺う（　　）
⑪ 恭しく一礼する（　　）
⑫ 目上を敬う（　　）
⑬ 穏やかな春の日差し（　　）
⑭ 暴力に脅える（　　）
⑮ 義務を怠る（　　）
⑯ 惜しくも勝利を逃す（　　）
⑰ 昔の日々を顧みる（　　）
⑱ 罠に陥れる（　　）
⑲ 自らの非を省みる（　　）
⑳ 負けて悔しい（　　）

問二　次の漢字の読み仮名を答え、後にあげる短文の括弧の中へ適当な語を番号で入れなさい。

①相殺（　　）　⑥示唆（　　）　⑪遊説（　　）　⑯稀有（　　）
②出納（　　）　⑦成就（　　）　⑫反古（　　）　⑰市井（　　）
③更迭（　　）　⑧諮問（　　）　⑬斡旋（　　）　⑱匿名（　　）
④会釈（　　）　⑨風情（　　）　⑭捺印（　　）　⑲疾病（　　）
⑤逼迫（　　）　⑩由緒（　　）　⑮歪曲（　　）　⑳杜撰（　　）

a　約束を（　）にする
b　（　）な手抜き工事
c　廊下で軽く（　）する
d　それとなく（　）する
e　履歴書に（　）する
f　（　）の学者
g　秋の（　）
h　お互いの貸し借りで（　）する
i　（　）に注意して健康にすごす
j　大臣の海外（　）

k　役員を（　）する
l　政府の（　）機関
m　（　）な出来事
n　金銭（　）簿
o　（　）で投稿する
p　（　）正しい家柄
q　大願（　）
r　事実を（　）する
s　アルバイトの（　）
t　財政が（　）する

学科	クラス	番号	氏名

問一 傍線部の漢字の読み仮名を答えなさい。

① 旗が風に翻る（　　）
② 朗らかな性格（　　）
③ 面目を施す（　　）
④ 少ない予算で賄う（　　）
⑤ 気を紛らわす（　　）
⑥ 罪を免れる（　　）
⑦ 惨めな負け方（　　）
⑧ イベントを催す（　　）
⑨ 柔らかい布団（　　）
⑩ 煩わしい人間関係（　　）
⑪ 恐怖に戦く（　　）
⑫ 夥しい数の野鳥（　　）
⑬ 懐かしのメロディー（　　）
⑭ 遠く慮る（　　）
⑮ 利益を掠める（　　）
⑯ 頑なな性格（　　）
⑰ 目的に適う（　　）
⑱ 曲を奏でる（　　）
⑲ 利害が絡む（　　）
⑳ 芳しい香り（　　）

問二 次の漢字の読み仮名を答え、後にあげる短文の括弧の中へ適当な語を番号で入れなさい。

①折衝（　　）　⑥熾烈（　　）　⑪発起（　　）　⑯嫌悪（　　）
②定款（　　）　⑦漸次（　　）　⑫軋轢（　　）　⑰渋滞（　　）
③思惑（　　）　⑧敷衍（　　）　⑬完遂（　　）　⑱忖度（　　）
④懸念（　　）　⑨払拭（　　）　⑭生粋（　　）　⑲知己（　　）
⑤借款（　　）　⑩赴任（　　）　⑮境内（　　）　⑳稟議（　　）

a　（　）書を提出する
b　将来への（　）
c　（　）感をあらわにする
d　理論を（　）する
e　これまでの（　）を水に流す
f　規約や（　）を尊重する
g　（　）な戦い
h　相手の気持ちを（　）する
i　（　）の江戸っ子
j　新しい先生が（　）してくる
k　（　）がはずれる
l　（　）改革していく
m　（　）人に名を連ねる
n　神社の（　）
o　旧来の（　）
p　予算（　）
q　中国向けの円（　）
r　不信感を（　）する
s　仕事を（　）する
t　交通（　）

学　科	クラス	番　号	氏　名

問一　傍線部の漢字の読み仮名を答えなさい。

① 新芽の萌え出る季節（　　）
② 春の兆し（　　）
③ 進退が窮まる（　　）
④ 真相を究める（　　）
⑤ ひとまとめに括る（　　）
⑥ 地下に潜む（　　）
⑦ 足を挫く（　　）
⑧ 口を漱ぐ（　　）
⑨ 敵に与す（　　）
⑩ 目が眩む（　　）
⑪ 窓から覗く（　　）
⑫ 口汚く罵る（　　）
⑬ 憎まれっ子世に憚る（　　）
⑭ 拗ねたり僻んだり（　　）（　　）
⑮ 密かに見守る（　　）
⑯ 何でも恣にする（　　）
⑰ 星が瞬く（　　）
⑱ 金を貢ぐ（　　）
⑲ 貪り食う（　　）
⑳ 空しい人生（　　）

問二　次の漢字の読み仮名を答え、後にあげる短文の括弧の中へ適当な語を番号で入れなさい。

①松明（　　）
②弾劾（　　）
③掉尾（　　）
④添削（　　）
⑤辛辣（　　）
⑥納得（　　）
⑦暖簾（　　）
⑧素性（　　）
⑨普請（　　）
⑩流転（　　）
⑪円滑（　　）
⑫演繹（　　）
⑬呵責（　　）
⑭杞憂（　　）
⑮教唆（　　）
⑯形相（　　）
⑰絢爛（　　）
⑱虚空（　　）
⑲克己（　　）
⑳弛緩（　　）

a　（　）を燃やす
b　生生（　）を繰り返す
c　（　）心を養う
d　（　）裁判
e　会議を（　）に進める
f　筋肉が（　）する
g　帰納法と（　）法
h　（　）を飾る
i　安（　）の家
j　（　）の大宇宙
k　良心の（　）
l　作文の（　）
m　豪華（　）
n　（　）に腕押し
o　悪鬼の（　）
p　（　）な批評
q　心配無用、（　）にすぎない
r　（　）のしれない怪しい人物
s　（　）のいく説明を求める
t　悪事を（　）せられる

学科	
クラス	
番号	
氏名	

問一　傍線部の漢字の読み仮名を答えなさい。

① 鮮やかな色（　）
② お湯を注ぐ（　）
③ 恥を雪ぐ（　）
④ 悪事を企てる（　）
⑤ 狡賢い（　）
⑥ 警戒を緩める（　）
⑦ 部屋を暖める（　）
⑧ 角を矯めて牛を殺す（　）
⑨ 拙い字（　）
⑩ ほころびを繕う（　）
⑪ 紙を束ねる（　）
⑫ 縄で繋ぐ（　）
⑬ 希望者を募る（　）
⑭ 顔を潰す（　）
⑮ 奇を衒う（　）
⑯ 気が咎める（　）
⑰ 台風に備える（　）
⑱ 前例に倣う（　）
⑲ 労いの言葉（　）
⑳ 人の成功を妬む（　）

問二　次の漢字の読み仮名を答え、後にあげる短文の括弧の中へ適当な語を番号で入れなさい。

①添付（　　）
②柔和（　　）
③法度（　　）
④批准（　　）
⑤訃報（　　）
⑥煩悩（　　）
⑦欠伸（　　）
⑧暴露（　　）
⑨律義（　　）
⑩曖昧（　　）
⑪一瞥（　　）
⑫慇懃（　　）
⑬隠蔽（　　）
⑭蘊蓄（　　）
⑮厭世（　　）
⑯億劫（　　）
⑰諧謔（　　）
⑱邂逅（　　）
⑲傀儡（　　）
⑳乖離（　　）

a　履歴書に写真を（　）する
b　（　）模糊としている
c　（　）政権
d　百八つの（　）
e　都合の悪い部分は（　）する
f　現実との（　）がはげしい
g　ちらりと（　）をくれる
h　（　）な表情
i　寝不足で（　）がでる
j　（　）をかたむける
k　（　）で信用のおける人物
l　一生に一度の（　）
m　（　）感に悩む
n　過去の失態を（　）されてしまう
o　条約を（　）する
p　ユーモアと（　）
q　（　）無礼な態度
r　（　）に驚き悲しむ
s　体がだるくて（　）だ
t　彼の悪口は、ここでは御（　）だ

学科	クラス	番号	氏名

問一 傍線部の漢字の読み仮名を答えなさい。

① 害を被る（　　）
② 敢えて逆らう（　　）
③ 進路を妨げる（　　）
④ 滴り落ちる汗（　　）
⑤ 邪魔者を退ける（　　）
⑥ 健やかに育つ（　　）
⑦ 業務に携わる（　　）
⑧ 波間を漂う（　　）
⑨ 費やした時間（　　）
⑩ 謹んでお受けします（　　）
⑪ 実力を培う（　　）
⑫ 罪を償う（　　）
⑬ 言葉を慎む（　　）
⑭ 支払いが滞る（　　）
⑮ 服装を整える（　　）
⑯ 妻を伴っていく（　　）
⑰ 滑らかな表面（　　）
⑱ 水が濁る（　　）
⑲ 人前で辱めを受けた（　　）
⑳ 一芸に秀でる（　　）

問二　次の漢字の読み仮名を答え、後にあげる短文の括弧の中へ適当な語を番号で入れなさい。

①措置（　）　⑥破綻（　）　⑪陶冶（　）　⑯会得（　）
②隘路（　）　⑦吹聴（　）　⑫是正（　）　⑰陽炎（　）
③建立（　）　⑧行脚（　）　⑬体裁（　）　⑱暫時（　）
④遂行（　）　⑨誤謬（　）　⑭凡例（　）　⑲進捗（　）
⑤脆弱（　）　⑩黄昏（　）　⑮回向（　）　⑳科白（　）

a　法隆寺の（　）
b　理論が（　）する
c　（　）を訂正する
d　議員定数の（　）
e　（　）参りをする
f　（　）お待ちください
g　対抗（　）を講ずる
h　（　）な構造
i　根も葉もない噂を（　）される
j　ロマンチックな（　）時

k　（　）の悪い話
l　（　）燃える春
m　議論に（　）がみられない
n　（　）を切り開く
o　任務を（　）する
p　全国を（　）する
q　欠点をなくすために（　）する
r　辞書の（　）
s　芝居の（　）
t　コツを（　）した

学科	クラス	番号	氏名

問一　傍線部の漢字の読み仮名を答えなさい。

①焦りの色が見える（　）
②色が褪せる（　）
③神を崇める（　）
④着物を誂える（　）
⑤水が溢れる（　）
⑥木陰で憩う（　）
⑦老人を労る（　）
⑧死を悼む（　）
⑨魚が傷む（　）
⑩真意がどこかと訝る（　）
⑪記録に挑む（　）
⑫苦労を厭う（　）
⑬忌み言葉（　）
⑭穴を穿つ（　）
⑮させて戴く（　）
⑯古傷が疼く（　）
⑰流行に疎い（　）
⑱承知したと頷く（　）
⑲今日は私の奢りです（　）
⑳悪口を言って貶す（　）

問二　次の漢字の読み仮名を答え、後にあげる短文の括弧の中へ適当な語を番号で入れなさい。

①帰依（　　）
②慶弔（　　）
③洒落（　　）
④遵守（　　）
⑤精進（　　）
⑥真摯（　　）
⑦斟酌（　　）
⑧造詣（　　）
⑨提携（　　）
⑩捏造（　　）
⑪頒布（　　）
⑫朴訥（　　）
⑬賄賂（　　）
⑭悪寒（　　）
⑮義捐（　　）
⑯功徳（　　）
⑰解脱（　　）
⑱気配（　　）
⑲流石（　　）
⑳信憑性（　　）

a　法律を（　）する
b　（　）を疑う
c　（　）で好感のもてる青年
d　仏教に（　）する
e　米国の会社と（　）する
f　悟りと（　）
g　相手の年齢を（　）する
h　災害（　）金
i　（　）のわかる人
j　（　）の名人もしてやられた
k　パンフレットを（　）する
l　（　）を積む
m　芸術に（　）が深い
n　（　）料理
o　田沼意次の（　）政治
p　証拠を（　）する
q　そろそろ秋の（　）だ
r　（　）の挨拶はむずかしい
s　（　）な態度で式に臨む
t　背中に（　）が走る

学　科	
クラス	
番　号	
氏　名	

問一　傍線部の漢字の読み仮名を答えなさい。

①寒さに凍える（　　）
②媚びるような目（　　）
③模型作りに凝る（　　）
④人を蔑みばかにする（　　）
⑤時代を遡る（　　）
⑥光を遮る（　　）
⑦諭すような口ぶり（　　）
⑧虐げられた奴隷（　　）
⑨はるかに凌ぐ（　　）
⑩脆くも崩れ去った（　　）
⑪人の心を弄ぶ（　　）
⑫訴えを斥ける（　　）
⑬卵を茹でる（　　）
⑭侘しい一人暮らし（　　）
⑮行く手を阻む（　　）
⑯蝶と戯れる（　　）
⑰心からの慰め（　　）
⑱悪事を暴く（　　）
⑲志半ばにして倒れる（　　）
⑳既に遅い（　　）

問二　次の漢字の読み仮名を答え、後にあげる短文の括弧の中へ適当な語を番号で入れなさい。

①逝去（　　）
②折衷（　　）
③操作（　　）
④耽溺（　　）
⑤如実（　　）

⑥罷免（　　）
⑦敷設（　　）
⑧矛盾（　　）
⑨結納（　　）
⑩拉致（　　）

⑪輪廻（　　）
⑫廉価（　　）
⑬意図（　　）
⑭請負（　　）
⑮解熱（　　）

⑯権化（　　）
⑰潮騒（　　）
⑱奢侈（　　）
⑲上梓（　　）
⑳遡及（　　）

a　悪の（　）のようだ
b　（　）なさった方のご冥福を祈る
c　内部の（　）が表面化した
d　（　）剤を飲む
e　和洋（　）
f　（　）の品々をいただく
g　（　）仕事
h　鉄道の（　）
i　（　）の音を聞く
j　人質として（　）される

k　ブレーキ（　）はどこでするか
l　引責で（　）されることになる
m　作者の（　）はどこにあるのか
n　歴史の流れのなかを（　）する
o　（　）や華美を戒める
p　（　）転生
q　趣味の世界に（　）する
r　（　）で販売する
s　（　）に語る
t　処女作を（　）する

学　科	クラス	番　号	氏　名

問一　次の漢字の慣用的な読みを答えなさい。

① 四方山話をする（　　）
② 笑い上戸（　　）
③ 刺青をする（　　）
④ 小さい頃の渾名で呼ぶ（　　）
⑤ 気障なセリフ（　　）
⑥ 曲者をとらえる（　　）
⑦ 暖簾に腕おし（　　）
⑧ 黒子が多い（　　）
⑨ 和物を食べる（　　）
⑩ ちょっとした悪戯です（　　）
⑪ 胡座をかく（　　）
⑫ 十八番の芸（　　）
⑬ 手水をつかう（　　）
⑭ 手向けの花（　　）
⑮ 氷柱がさがる（　　）
⑯ 燐寸をする（　　）
⑰ 硝子ごしにのぞく（　　）
⑱ 火傷を負う（　　）
⑲ 四十路をむかえる（　　）
⑳ 木偶人形（　　）

問二　次の漢字の読み仮名を答え、後にあげる短文の括弧の中へ適当な語を番号で入れなさい。

①無垢（　）　⑥所以（　）　⑪罹災（　）　⑯矮小（　）
②無碍（　）　⑦礼讃（　）　⑫凌駕（　）　⑰吝嗇（　）
③妄執（　）　⑧磊落（　）　⑬憐憫（　）　⑱坩堝（　）
④朦朧（　）　⑨辣腕（　）　⑭推敲（　）　⑲老獪（　）
⑤揶揄（　）　⑩爛熟（　）　⑮忸怩（　）　⑳敵愾心（　）

a （　）として、はっきりしない
b 皮肉たっぷりに（　）される
c 文章を（　）する
d （　）な手段
e 純粋（　）な性格
f 稀代の（　）家
g （　）民の避難場所
h 神を（　）する
i 豪放（　）な性格
j 内心（　）たる思いで一杯だ
k （　）を燃やす
l 小さな生き物への（　）の情
m 融通（　）に振る舞う
n 興奮の（　）と化す
o （　）をふるう
p 師匠の腕前をすら（　）する
q 物事を（　）化する
r （　）を断ち切る
s よってきたる（　）を述べる
t （　）した文化

学科	クラス	番号	氏名

問一　次の漢字の慣用的な読みを答えなさい。

①土産（　　）
②草履（　　）
③名残（　　）
④眼鏡（　　）
⑤七五三縄（　　）
⑥若人（　　）
⑦河岸（　　）
⑧蚊帳（　　）
⑨雑魚（　　）
⑩竹刀（　　）
⑪投網（　　）
⑫浴衣（　　）
⑬雪崩（　　）
⑭猛者（　　）
⑮時雨（　　）
⑯桟敷（　　）
⑰為替（　　）
⑱素人（　　）
⑲七夕（　　）
⑳梅雨（　　）

問二 次の漢字の読み仮名を答え、後にあげる短文の括弧の中へ適当な語を番号で入れなさい。

①饒舌（　　）　⑥羨望（　　）　⑪凋落（　　）　⑯不憫（　　）
②常套（　　）　⑦対峙（　　）　⑫顛末（　　）　⑰辟易（　　）
③所作（　　）　⑧逐次（　　）　⑬慟哭（　　）　⑱幇助（　　）
④刹那（　　）　⑨緻密（　　）　⑭反駁（　　）　⑲補塡（　　）
⑤僭越（　　）　⑩躊躇（　　）　⑮伴侶（　　）　⑳未曾有（　　）

a （　）の眼差し
b （　）する余地もない
c 赤字を（　）する
d （　）動作
e 権威の（　）
f （　）実行に移す
g この子が（　）でしかたない
h 話好きというより（　）だ
i （　）に計算された企て
j あいつの自慢話には（　）する
k （　）の大事件
l 事の（　）
m （　）的に生きる
n 生涯の（　）を得る
o 敵と（　）する
p （　）手段
q 殺人（　）の罪にとわれる
r 一瞬の（　）でチャンスを逃した
s 大声で（　）する
t （　）ではありますが……

学科	
クラス	
番号	
氏名	

問一　次の漢字の慣用的な読みを答えなさい。

①風邪（　　）
②団扇（　　）
③相撲（角力）（　　）
④老舗（　　）
⑤玄人（　　）
⑥五月雨（　　）
⑦足袋（　　）
⑧長閑（　　）
⑨息吹（　　）
⑩時鳥（不如帰）（　　）
⑪祝詞（　　）
⑫日和（　　）
⑬白髪（　　）
⑭硝子（　　）
⑮太刀（　　）
⑯硫黄（　　）
⑰山車（　　）
⑱神楽（　　）
⑲最寄り（　　）
⑳田舎（　　）

問二　次の漢字の読み仮名を答え、後にあげる短文の括弧の中へ適当な語を番号で入れなさい。

①危惧（　　）　⑥膠着（　　）　⑪颯爽（　　）　⑯昵懇（　　）
②詭弁（　　）　⑦拘泥（　　）　⑫蹉跌（　　）　⑰惹起（　　）
③欺瞞（　　）　⑧猜疑（　　）　⑬恣意（　　）　⑱蹂躙（　　）
④驚愕（　　）　⑨采配（　　）　⑭仔細（　　）　⑲逡巡（　　）
⑤敬虔（　　）　⑩些細（　　）　⑮桎梏（　　）　⑳憔悴（　　）

a　（　）なクリスチャン
b　（　）な間違い
c　様々な（　）で身動きがとれない
d　心労が重なり（　）しきっている
e　自己（　）
f　試合は（　）状態に陥った
g　監督の（　）が冴える
h　青春の（　）
i　軍隊に（　）される
j　（　）して進まない
k　将来への（　）がぬぐいきれない
l　（　）と登場する
m　突然のことに（　）する
n　（　）に検討する
o　（　）を弄する
p　（　）された事件
q　つまらぬことに（　）する
r　（　）的な構成
s　（　）心が強い
t　多くの人と（　）になる

学科	
クラス	
番号	
氏名	

問一　次の漢字には複数の訓読みがあります。それぞれの読み方を答えなさい。

①a通る（　）　b通う（　）
②a優しい（　）　b優れた（　）
③a断つ（　）　b断る（　）
④a著す（　）　b著しい（　）
⑤a覆す（　）　b覆う（　）
⑥a省く（　）　b省みる（　）
⑦a開ける（　）　b開く（　）
⑧a後の祭り（　）　b後ろ（　）　c後れる（　）
⑨a傷む（　）　b傷口（　）
⑩a気に入る（　）　b中に入る（　）
⑪a凍る（　）　b凍える（　）
⑫a閉める（　）　b閉じる（　）
⑬a着く（　）　b着る（　）
⑭a調える（　）　b調べる（　）
⑮aタクシーを止める（　）　b雨が止む（　）
⑯a生け捕る（　）　b捕まる（　）
⑰a治す（　）　b治める（　）
⑱a上る（　）　b上がる（　）
⑲a映る（　）　b夕映え（　）
⑳a弾く（　）　b弾む（　）

問二　次の（　）内に入る正しい熟語を選びなさい。

①偉大な師の死を（哀惜　愛惜）する。
②大声で（一括　一喝）する。
③（異様　威容）を誇る摩天楼。
④医者の（誤診　誤審）。
⑤（既製　既成）品で間に合わせる。
⑥人生の（岐路　帰路）に立つ。
⑦部長の（決裁　決済）を仰ぐ。
⑧哀れな（最後　最期）を遂げる。
⑨トラックの（死角　視覚）に入る。
⑩（指揮　士気）を鼓舞する。
⑪混乱を（収集　収拾）する。
⑫（進入　侵入）禁止の標識。
⑬動機が（不順　不純）だ。
⑭（不測　不足）の事態が発生。
⑮カギを握る（不動　浮動）票の行方。
⑯映画（鑑賞　観賞）会を開く。
⑰首都圏だけに（偏在　遍在）する機能。
⑱（優秀　有終）の美を飾る。
⑲先代の（偉業　遺業）を受け継ぐ。
⑳アンケートの（回答　解答）。

学科	クラス	番号	氏名

問一 次の漢字には複数の訓読みがあります。それぞれの読み方を答えなさい。

① a 下りる（　） b 下る（　）
② a 陥る（　） b 陥れる（　）
③ a 細い（　） b 細かい（　）
④ a 冷える（　） b 冷たい（　） c 冷める（　）
⑤ a 行く（　） b 行う（　）
⑥ a 速い（　） b 速やか（　）
⑦ a 汚れる（　） b 汚い（　）
⑧ a 栄える（　） b 栄え（　）
⑨ a 過ごす（　） b 過ち（　）
⑩ a 嫁入り（　） b 嫁ぐ（　）
⑪ a 悔やむ（　） b 悔しい（　）
⑫ a 的外れ（　） b 思いの外（　） c 家の外（　）
⑬ a 覚える（　） b 覚める（　）
⑭ a 割る（　） b 割く（　）
⑮ a 滑る（　） b 滑らか（　）
⑯ a 危ない（　） b 危うい（　）
⑰ a 偽物（　） b 偽る（　）
⑱ a 脅かす（　） b 脅す（　）
⑲ a 強い（　） b 強いる（　）
⑳ a 教える（　） b 教わる（　）

問二 次の（　）内に入る正しい熟語を選びなさい。

①（異常　異状）がないか、見回る。

②（改定　改訂）版を出す。

③校庭を（開放　解放）する。

④人気が（過熱　加熱）ぎみだ。

⑤上司の（関心　歓心）を買う。

⑥（強硬　強行）手段をとる。

⑦官民（共同　協同）の事業計画。

⑧（講演　公演）を聞く。

⑨被害を（最小　最少）限にとどめる。

⑩写真を（修整　修正）する。

⑪在庫を（紹介　照会）する。

⑫我々の（感知　関知）するところではない。

⑬解約の（意志　意思）表示をする。

⑭議長に（指名　使命）される。

⑮（平行　並行）して審議する。

⑯運賃を（精算　清算）する。

⑰責任を（追及　追求）する。

⑱（適性　適正）価格を設定する。

⑲製品の（特徴　特長）アピール。

⑳（明快　明解）な返答を期待。

学科		クラス		番号		氏名	

問一 次の漢字には複数の訓読みがあります。それぞれの読み方を答えなさい。

①a 仰せの通り（　　）　b 仰ぐ（　　）　⑥a 絞る（　　）　b 絞める（　　）

②a 苦しい（　　）　b 苦い（　　）　⑦a 裁つ（　　）　b 裁く（　　）

③a 軽い（　　）　b 軽やか（　　）　⑧a 指（　　）　b 指す（　　）

④a 結ぶ（　　）　b 結う（　　）　⑨a 試みる（　　）　b 試す（　　）

⑤a 厳か（　　）　b 厳しい（　　）　⑩a 集まる（　　）　b 集う（　　）

問二 はじめに挙げられている同音異義語を、後の文章の空欄に正しく入れなさい。

①ア意義・イ異議・ウ威儀

a（　　）を唱える　b（　　）深い行動　c（　　）を正す

②ア以降・イ意向・ウ威光

a 本社の（　　）を無視する　b 親の（　　）で出世する

c 明治（　　）の方針

③ア異色・イ委嘱・ウ移植

a（　　）の新人　b 仕事を（　　）する　c 臓器（　　）の手術

④ア衛生・イ衛星・ウ永世

a（　　）中立国　b（　　）管理を強化する　c 気象（　　）の打ち上げ

⑤ア換気・イ喚起・ウ歓喜・エ官紀
a（　）の粛正　b（　）に胸躍らせる
c注意を（　）する　d室内の（　）を十分におこなう
⑥ア観賞・イ干渉・ウ鑑賞・エ緩衝・オ感傷
a名曲を（　）する　b私事にまで（　）されたくない
c外野フェンスの（　）帯を強化する　d熱帯魚を（　）する
e（　）的な気分にひたる
⑦ア寒心・イ関心・ウ感心
a（　）な少年　bマスコミの（　）を集める
c（　）に堪えない
⑧ア感想・イ乾燥・ウ歓送
a海外出張を前に（　）会を計画する　b新人研修の（　）を述べる
c空気が（　）している
⑨ア肝要・イ寛容・ウ慣用
a（　）例を尊重する　bここは忍耐が（　）だ　c（　）な性格
⑩ア機械・イ機会・ウ器械
a絶好の（　）を逸する　b（　）体操
c（　）化された工場

学　科	
クラス	
番　号	
氏　名	

問一　次の漢字には複数の訓読みがあります。それぞれの読み方を答えなさい。

①a交じる（　　）　b交わす（　　）　⑥a与える（　　）　b与する（　　）

②a好む（　　）　b好き（　　）　⑦a重い（　　）　b重ねる（　　）

③a幸い（　　）　b幸せ（　　）　⑧a初めて（　　）　b書初め（　　）

④a荒い（　　）　b荒れる（　　）　⑨a消える（　　）　b消す（　　）

⑤a降る（　　）　b降りる（　　）　⑩a焦がす（　　）　b焦る（　　）

問二　はじめに挙げられている同音異義語を、後の文章の空欄に正しく入れなさい。

①ア規制・イ既成・ウ気勢・エ帰省・オ奇声

a（　　）概念にとらわれる　b酒を飲んで（　　）を発する

c正月には（　　）する　d試合を前に（　　）をあげる

e交通（　　）の緩和

②ア貴重・イ基調

a赤を（　　）とした絵　b（　　）な体験をする

③ア機能・イ帰納

a本来の（　　）が失われた　b演繹法と（　　）法

④ア脅威・イ驚異

a（　　）的な記録　b核の（　　）

⑤ア挙行・イ虚構

a儀式を（　　）する　b（　　）性を重視した作品

⑥ア権益・イ検疫

a開発者の（　　）がおかされる　b港で動物（　　）を受ける

⑦ア効果・イ高価・ウ降下・エ硬化

a（　　）がある　b態度が（　　）する

c（　　）な品物　dパラシュートで（　　）する

⑧ア構成・イ校正・ウ更生・エ厚生・オ公正・カ攻勢・キ後世

a福利（　　）施設　b会社（　　）法　c（　　）刷りが届く

d組織を（　　）する　e（　　）に名を残す　f（　　）に転ずる

g（　　）な裁きを下す

⑨ア更新・イ交信・ウ後進

a記録（　　）　b（　　）に道を譲る　cアマチュア無線で（　　）する

⑩ア最大・イ細大

a（　　）もらさず報告する　b人類（　　）の危機とは何か

学科	クラス	番号	氏名

問一 次の漢字には複数の訓読みがあります。それぞれの読み方を答えなさい。

① a 触れる（　　） b 触る（　　）
② a 生い立ち（　　） b 生える（　　） c 生糸（　　） d 生ビール（　　）
③ a 盛る（　　） b 盛んな（　　）
④ a 占める（　　） b 占う（　　）
⑤ a 年老いる（　　） b 老け役（　　）
⑥ a 操をたてる（　　） b 操る（　　）
⑦ a 足首（　　） b 足りる（　　）
⑧ a 和らぐ（　　） b 和む（　　）
⑨ a 担ぐ（　　） b 担う（　　）
⑩ a 代わる（　　） b 神代の昔（　　） c 代物（　　）
⑪ a 遅い（　　） b 遅れる（　　）
⑫ a 新しい（　　） b 新たな（　　）
⑬ a 命請い（　　） b 請け負う（　　）
⑭ a 染める（　　） b 染みる（　　）
⑮ a 潜む（　　） b 潜る（　　）
⑯ a 増す（　　） b 増える（　　）
⑰ a 怠る（　　） b 怠ける（　　）
⑱ a 探す（　　） b 探る（　　）
⑲ a 道端（　　） b 切れ端（　　）
⑳ a 直ちに（　　） b 直す（　　）

問二　はじめに挙げられている同音異義語を、後の文章の空欄に正しく入れなさい。

①ア施設・イ使節・ウ私設
a（　）応援団を率いて球場へ行く　b冷暖房（　）の完備したホテル
c海外へ（　）団をおくる

②ア事項・イ時候・ウ時効
a（　）の挨拶　b問い合わせ（　）に答える
cあの事件も（　）が近づいている

③ア実験・イ実権
a会社の（　）を握る　b（　）結果を重視する

④ア真偽・イ審議・ウ信義
a（　）のほどはわからない　b予算案を（　）する
c（　）にもとる行為だ

⑤ア浸水・イ心酔
a床上（　）の被害　bバロック音楽に（　）する

⑥ア新装・イ真相
a事件の（　）を究明する　b（　）開店の大安売り

⑦ア絶好・イ絶交
a二人はとうとう（　）した　b（　）の機会を逸した

⑧ア宣誓・イ先制・ウ専制
a（　）君主の時代　b甲子園で選手（　）をする
c（　）タイムリーを放つ

⑨ア創造・イ想像
a（　）も及ばぬ出来事　b作曲は（　）的な仕事である

⑩ア逮捕・イ退歩
a犯人（　）に協力する　b進歩どころか、（　）だ

学科	クラス	番号	氏名

問一 次の漢字には複数の訓読みがあります。それぞれの読み方を答えなさい。

① a 怒りを買う（　　） b 怒った顔（　　）

② a 急いで逃げる（　　） b チャンスを逃す（　　）

③ a 許し難い（　　） b 難しい問題（　　）

④ a 気を病む（　　） b 病は気から（　　）

⑤ a 責任を負う（　　） b 試合に負ける（　　）

⑥ a 欲しい物（　　） b 平和を欲す（　　）

⑦ a 子どもを抱く（　　） b 大志を抱く（　　） c 両腕で抱える（　　）

⑧ a 明るい性格（　　） b 明らかな誤り（　　） c 夜を明かす（　　）

⑨ a 春が来る（　　） b 支障を来す（　　）

⑩ a 犬を連れた人（　　） b 名を連ねる（　　）

問二　はじめに挙げられている同音異議語を、後の文章の空欄に正しく入れなさい。

①ア妥当・イ打倒
a宿敵（　）　b最も（　）な意見

②ア徴収・イ徴集・ウ聴衆
a軍が人員を（　）し始めた　b会費を（　）する
cオーケストラの演奏が（　）を魅了した

③ア定義・イ提議
a討論の打ち切りを（　）する　b専門用語の（　）を確認する

④ア動議・イ道義・ウ同義
a（　）的責任をとわれる　b（　）語で言い換える
c緊急（　）を出す

⑤ア同様・イ動揺・ウ童謡
a（　）を口ずさむ　b（　）の色を隠せない
c誰もが（　）の意見を述べる

⑥ア登用・イ当用・ウ盗用
a（　）日記を買う　b人材を（　）する
cデザインの（　）に抗議する

⑦ア反映・イ繁栄
a国民の意見を（　）した選挙結果　b子孫は代々（　）した

⑧ア疲労・イ披露
a（　）がはげしい　b隠し芸を（　）する

⑨ア負傷・イ不祥・ウ不詳・エ不肖
a（　）の息子　b（　）事を起こす
c成立年代は（　）です　d練習中に（　）する

⑩ア豊富・イ抱負
a（　）な知識で対処する　b就任式で（　）を語る

学　科	クラス	番　号	氏　名

問一　はじめに挙げたカタカナを適切な漢字に直して、それぞれの文章の空欄に入れなさい。

①ヤワラカイ　a（　）らかい布　b芯の（　）らかい鉛筆

②ツツシム　a（　）んで新年のご挨拶を申し上げます
b行動を（　）む

③カワク　a喉が（　）く　b服が（　）く

④シズマル　a痛みが（　）まる
b辺りが（　）まりかえる

⑤マワリ　a身の（　）りの世話をする
b家の（　）りの掃除をする

⑥モト　a法の（　）に平等である
b（　）のさやに収まる

⑦トマル　a友人の家に（　）まる
b動きが（　）まる

⑧ミル　a脈を（　）る　b野球を（　）る
⑨キク　a薬が（　）く　b意見を（　）く
　c右手が（　）き手です
⑩タタカウ　a病気と（　）う　b敵と（　）う

問二　次の漢字は字体が似ていて間違いやすい文字です。（　）内に入る正しい漢字を選びなさい。

①疑わしい行（偽・為）をするな　⑥増（殖・植）する
②（勧・歓・観）声をあげる　⑦更（送・迭）する
③正（義・儀・議）と友情　⑧（矛・予）盾
④退（掘・堀・屈）を紛らわす　⑨（烈・裂）火のごとく
⑤パーティに（紹・招）待される　⑩（貪・貧）欲なほどに食らいつく

学科	
クラス	
番号	
氏名	

問一 はじめに挙げたカタカナを適切な漢字に直して、それぞれの文章の空欄に入れなさい。

①アウ　a 計算が（　　）う　b 友人に（　　）う　c 災難に（　　）う

②カエル　a 顔色を（　　）える　b 現金に（　　）える　c 組み（　　）える

③ツク　a 列車が（　　）く　b 玉を（　　）く　c 利息が（　　）く

④アゲル　a 国旗を（　　）げる　b 一例を（　　）げる　c 給与を（　　）げる

⑤トル　a 事務を（　　）る　b 社員を（　　）る　c 写真を（　　）る

⑥サス　a 油を（　　）す　b 人を（　　）す　c 南を（　　）す

⑦トク　a 教えを（　　）く　b 問題を（　　）く　c 絵の具を（　　）く

⑧ウツ　a 鳥を（　　）つ　b 賊を（　　）つ
c 電報を（　　）つ

⑨シメル　a 帯を（　　）める　b 首を（　　）める
c 席を（　　）める

⑩ハエル　a（　　）えある優勝旗　b 夕日に（　　）える
c 草木が（　　）える

問二　次の漢字は字体が似ていて間違い易い文字です。（　）内に入る正しい漢字を選びなさい。

①米の収（獲・穫）高
②（概・慨）略を述べる
③生活（還・環）境を守る
④便（宜・宣）をはかる
⑤血液（擬・凝）固剤
⑥歓（仰・迎・抑）会を開く
⑦（偶・遇・隅）然の出来事
⑧体（栽・載・裁）を気にする
⑨（到・倒）着する
⑩注意散（慢・漫）

学科	クラス	番号	氏名

問一　傍線部の語の読み方を、それぞれ文章にあわせて答えなさい。

① a 試合の真っ最中だ（　　）　b お土産に最中をいただいた（　　）

② a 上役に一目おく（　　）　b 一目でいいから会いたい（　　）

③ a 為替市場（　　）　b 母が市場へ買い物にいく（　　）

④ a 末期の水（　　）　b 癌の末期症状（　　）

⑤ a 上役の意見に追従する（　　）　b 追従笑い（　　）

⑥ a 職人気質の大工さん（　　）　b 彼の気質を見抜いていた（　　）

⑦ a 顔色が悪い（　　）　b さすがの彼も顔色なしだ（　　）

問二　はじめに挙げたカタカナを適切な漢字にして、それぞれの文章の空欄に入れなさい。

①トクイ
a（　　）な種目は鉄棒です　b（　　）な才能がある

②ホケン
a（　　）所で健康診断を受ける　b生命（　　）に入る

③ムジョウ
a人の世の（　　）を感じる　b（　　）の喜びを味わう
c（　　）の風が花を散らす

④ユウシュウ
a（　　）の美を飾る　b（　　）な成績で表彰される

⑤リョウヨウ
a水陸（　　）車　bこの語には（　　）の意味がある
c病気（　　）する

学科	クラス	番号	氏名

問一 傍線部の語の読み方を、それぞれの文章にあわせて答えなさい。

① a 御利益があった（　　） b 利益の配分（　　）

② a 一枚上手の人物（　　） b 上手の手から水がもる（　　） c 舞台の上手（　　）

③ a 二重まぶた（　　） b 二重底のかばん（　　）

④ a 梅雨入りする（　　） b 梅雨前線（　　）

⑤ a 大勢の観客（　　） b 大勢は決定した（　　）

⑥ a 人気のない寂しい山中（　　） b 人気絶頂の俳優（　　）

⑦ a 身代金の要求（　　） b 身代をつぶす（　　）

問二　はじめに挙げたカタカナを適切な漢字にして、それぞれの文章の空欄に入れなさい。

①ヘイコウ
a 彼の自慢話には（　　）する　b 線路と（　　）して走る道路
c（　　）感覚が狂う

②ヒョウキ
a 現代語の（　　）　b 図表の（　　）を直す

③サイカイ
a 十年ぶりの（　　）を楽しみにする　b 国会を（　　）する

④キテン
a（　　）の利く人　b ここを（　　）としてコースをさだめる

⑤シュウチ
a（　　）の事実　b（　　）を集める

学　科	クラス	番　号	氏　名

問一　傍線部の語の読み方を、それぞれ文章にあわせて答えなさい

① a 人事（　　）異動が発表になった　b 人事（　　）だと思って気楽に言うな

② a 手取り（　　）足取り教える　b 手取り（　　）でいくらになりますか

③ a 下手（　　）の横好き　b 下手（　　）に出ればつけあがる　c 舞台の下手（　　）

④ a 山川（　　）越えて　b 山川（　　）の流れ

⑤ a 心中（　　）察してあまりある　b 近松門左衛門の心中（　　）物

⑥ a 一言（　　）居士　b 一言（　　）多い

⑦ a 一時（　　）の気の迷い　b 一時（　　）のやすらぎ

⑧ a 三割一分（　　）　b 一分（　　）一秒をあらそう時

問二 はじめに挙げたカタカナを適切な漢字に直して、それぞれの文章の空欄に入れなさい。

①ホショウ

a 品質を（　　　）する　b 国家の安全（　　　）

c 損害を（　　　）する

②ヨウシ

a（　　　）端麗な女性　b 文章の（　　　）をまとめよ

c コピー（　　　）

③ヨウセイ

a 幹部を（　　　）する　b 予算の増額を（　　　）する

④カンケツ

a 意見を（　　　）に述べる　b 物語が（　　　）する

⑤キケン

a 道路への飛び出しは（　　　）だ　b 投票を（　　　）する

学科	
クラス	
番号	
氏名	

問一 傍線部の語の読み方を、それぞれ文章にあわせて答えなさい。

① a 一方的に責められる（　　）　b 一方ならぬお世話になりました（　　）

② a これは大事になった（　　）　b 大事にしていた品物（　　）

③ a 大家さんに挨拶する（　　）　b 日本画の大家（　　）

④ a 後生恐るべし（　　）　b 後生だから言うことをきいてくれ（　　）

⑤ a ほうほうの体で逃げ出す（　　）　b 体を大切にする（　　）

⑥ a 紅葉狩り（　　）　b 紅葉前線南下（　　）

⑦ a 造作なくできた（　　）　b 顔の造作が良い（　　）

問二　はじめに挙げたカタカナを適切な漢字に直して、それぞれ文章の空欄に入れなさい。

①コウギ

a 教授の（　　　）を聴く　b（　　　）のデモ隊が繰り出す

c（　　　）に解釈する

②コウトウ

a（　　　）で論述する　b 物価が（　　　）する

③ジキ

a 行動開始の（　　　）を窺う　b 実施（　　　）を遅らせる

c（　　　）役員は、彼に内定している　d（　　　）はずれの野菜

④シュウカン

a 身についた（　　　）は変えられないものだ

b（　　　）誌を買う　c 愛鳥（　　　）が始まる

⑤テキカク

a 自分の気持ちを（　　　）に表す

b リーダーには彼が（　　　）だ

学科	
クラス	
番号	
氏名	

問一 次の（ ）内に入る正しい漢字を選びなさい。

① 予定の時間をはるかに（越・超）える。
② 目を（離・放）したすきに、見失った。
③ 諦めるのはまだ（早・速）い。
④ 自らを（顧・省）みる。
⑤ 利息が（着・付・就）く。
⑥ 日が（登・上・昇）る。
⑦ 利益を（産・生・倦）む。
⑧ 手を（吹・噴・拭）く。
⑨ 試練に（絶・耐・堪）える。
⑩ 命を（懸・駆・賭）ける。

問二 はじめに挙げられている同訓異義語を、後の文章の空欄に正しく入れなさい。

① ア図る・イ測る・ウ諮る
a水深を（ ）る　b合理化を（ ）る　c会議に（ ）る

② ア熱い・イ厚い・ウ暑い
a（ ）い本　b（ ）い季節　c（ ）いお茶

③ ア表す・イ現す・ウ著す
a姿を（ ）す　b顔に（ ）す　c処女作を（ ）す

④　ア奮う・イ振るう
a勇気を（　）う　b権力を（　）う

⑤　ア堅い・イ固い・ウ硬い
a（　）い決意　b（　）い材木　c（　）い文章

⑥　ア収める・イ納める・ウ治める・エ修める
a税金を（　）める　b学業を（　）める
c成功を（　）める　d国を（　）める

⑦　ア建つ・イ経つ・ウ断つ・エ絶つ
aビルが（　）つ　b時が（　）つ
c連絡を（　）つ　dお茶を（　）つ

⑧　ア犯す・イ侵す・ウ冒す
a危険を（　）す　b領土を（　）す　c罪を（　）す

⑨　ア努める・イ務める・ウ勤める
a議長を（　）める　b会社に（　）める　c消火に（　）める

⑩　ア追う・イ負う
a後を（　）う　b責任を（　）う

学科	クラス	番号	氏名

問一　次の（　）内に入る正しい漢字を選びなさい。

① ゆうべの火事は、タバコの不始末に（因・寄）るらしい。

② 物（影・陰）に隠れる。

③ 新聞に名前が（乗・載）る。

④ 結果は（日・火・非）を見るより明らかだ。

⑤ 人間（技・業）とは思えない。

⑥ 財産が（殖・増）える。

⑦ （型・形）どおりの挨拶。

⑧ 誤解が（溶・解）ける。

⑨ 背中が（丸・円）くなる。

⑩ 危険を（犯・侵・冒）す。

問二　はじめに挙げられている同訓異義語を、後の文章の空欄に正しく入れなさい。

① ア直す・イ治す

a 病気を（　）す　b 故障を（　）す

② ア起こす・イ興す

a ふるさと創成の事業を（　）す　b 体を（　）す

③ ア望む・イ臨む
a山に（ ）む別荘 b（ ）みは高くもつべきだ

④ ア別れる・イ分かれる
a一人（ ）れて別の道を行く b（ ）れ道に立つ

⑤ ア粗い・イ荒い
a細工が（ ）い b気の（ ）い人

⑥ ア整える・イ調える
aコンディションを（ ）える b ヘア・スタイルを（ ）える

⑦ ア継ぐ・イ接ぐ・ウ次ぐ
a（ ）ぎ木をする b彼に（ ）ぐ人物だ c店を（ ）ぐ

⑧ ア踊る・イ躍る
a盆（ ）りに行く b喜びに胸が（ ）る

⑨ ア下げる・イ提げる
a評価を（ ）げる b手（ ）げかばん

⑩ ア押す・イ推す
a彼を委員長に（ ）す b背中を（ ）す

学科	クラス	番号	氏名

問一 はじめに挙げられている類義語を、後の文中の空欄に入れなさい（ただし、どちらを入れても良い文がある）。

①ア現実　イ実際
a環境破壊は［　］の問題となっている。
b何事も［　］に経験するのが一番だ。
c理屈はともかく、この方法で［　］に効果がある。

②ア完全　イ絶対
a試合の流れは［　］にAチームのものだ。
b監督は優勝への［　］の自信を語った。

③ア無事　イ無難
aこの坂道を［　］に乗り越えれば、ゴールはすぐ目の前だ。
b無茶をせず、これまで［　］に過ごしてきた。
c何はともあれ、［　］を祈る。

④ア確実　イ正確
aひとつずつ、［　］に処理していく。
b日一日と［　］に暑くなっていく。
c規定の演技は［　］にこなさなければならない。

⑤ア処置　イ処理
a最後まできちんと［　］する。
bとりあえずの［　］をする。
⑥ア基本　イ基礎
a最初はだれでも、［　］から学ぶものだ。
bどんなに高度な技も、［　］はこれだ。
c［　］がかたまらないうちは、次へは進めないよ。
⑦ア願望　イ希望
a長年の［　］がようやく実現した。
b将来への［　］を述べる。
⑧ア精神　イ心理
a［　］的に追い詰められている。
b青年の［　］を描いた小説。
c明治という時代の［　］を生きた人々。
⑨ア意見　イ見解
a［　］を発表する。
b各党の［　］が、発表される。
c広く、国民の［　］を聞く。
⑩ア主観　イ主体
aもうそろそろ、［　］的に考え行動してもいい年齢だ。
b［　］をまじえず、冷静に語る。

学科	クラス	番号	氏名

問一 はじめに挙げられている類義語を、後の文中の空欄に入れなさい(どちらを入れても良い文もある。)

① ア要求　イ要望

a 消費者の[　]に応える。

b 次の交渉では、時短を[　]する。

c ファンの強い[　]で、追加公演を決める。

② ア経験　イ体験

a ホームステイで、アメリカ文化をこの身で[　]してきた。

b 失敗も良い[　]になる。

③ ア義務　イ責任

a 一人一人が[　]を果たすことが大切だ。

b [　]を強く感じて、みずから職を辞したのだ。

c [　]だから、仕方なしにやっているだけだ。

④ ア妨害　イ障害

a あからさまな[　]が増えてきた。

b いかなる[　]があろうとも、負けはしない。

c 前もって[　]となりそうなものは、排除しておく。

⑤ア設立　イ設置

a大学の［　］を、真剣に検討する高校もあるという。

b県内には、総合大学の［　］を望む声が高い。

⑥ア文化　イ文明

a人間の精神［　］の発展。

b高度な［　］を後の世代に伝えていく。

c発達した機械［　］の恩恵を忘れることはできない。

⑦ア信用　イ信頼

a彼は［　］できる人物だから、大丈夫だ。

b選手たちが、監督を［　］しているから、あのチームは強いのだ。

cセールスマンの言うことを［　］して、バカを見た。

⑧ア想像　イ空想

aこんな結果は［　］もしなかった。

b現実から逃避して［　］にふける。

c竜は、［　］上の動物だ。

⑨ア計画　イ企画

a旅行の［　］を立てる。

b旅行を［　］する。

c村おこしのための［　］を募集する。

⑩ア注意　イ留意

a一瞬たりとも［　］を怠るな。

b今後も健康に［　］して、長生きしてください。

学科		クラス		番号		氏名	

問一 [　]の中に漢字を入れ、上下がそれぞれ反対の意味を持つ熟語をつくりなさい。

①愛[　]　②因[　]　③[　]枯　④雅[　]

⑤[　]福　⑥[　]怒　⑦虚[　]　⑧[　]拙

⑨[　]廃　⑩細[　]　⑪[　]幼　⑫[　]沈

⑬是[　]　⑭公[　]　⑮[　]客

問二 上の語の反対語を下の□の中から選んで記号で答えなさい。

①違法…[　]　②栄達…[　]　③寡黙…[　]　④下落…[　]

⑤強靭…[　]　⑥緊張…[　]　⑦浅学…[　]　⑧進取…[　]

⑨停滞…[　]　⑩暴露…[　]

ア 隠蔽	イ 碩学	ウ 零落	エ 退嬰	オ 遵法
カ 進捗	キ 脆弱	ク 騰貴	ケ 弛緩	コ 饒舌

問三 次の語の反対語を裏の□の中から選び、漢字で答えなさい。

①婉曲…[　]　②希薄…[　]　③雌伏…[　]　④自由…[　]　⑤軽率…[　]

⑥強情…[　]　⑦終局…[　]　⑧空前…[　]　⑨酸化…[　]　⑩節約…[　]

⑪繁栄…[　]　⑫総合…[　]　⑬平等…[　]　⑭創造…[　]

ぶんせき	しんちょう	ぜつご	そくばく
すいび	のうこう	ほったん	らんぴ
ゆうひ	じゅうじゅん	かんげん	
さべつ	もほう	ろこつ	

模　骨　衰　重　乱　別　絶　順　飛　発

雄　露　濃　差　還　費　分　倣　微

厚　縛　後　元　慎　束　析　端　従

問四　上の語の反対語を、次に示した意味を参考にして漢字で答えなさい。

① 迂回…［　　］（寄り道しないで行くこと）

② 貫徹…［　　］（途中でだめになること）

③ 委細…［　　］（細かい所は省いた大体の事情）

④ 愚直…［　　］（悪賢くてずるい）

⑤ 奢侈…［　　］（必要最低限で満足する様子）

⑥ 高遠…［　　］（手近で誰にでも分かること）

⑦ 楽勝…［　　］（やっとのことで勝つこと）

⑧ 低俗…［　　］（格調が高くて上品な様子）

⑨ 栄転…［　　］（低い地位に下げて移す）

⑩ 中枢…［　　］（枝の先）

⑪ 訥弁…［　　］（話し方の上手なこと）

⑫ 陳腐…［　　］（趣向が際立って新しい様子）

学　科	クラス	番　号	氏　名

問一　次の［　］内に適当な数字を入れ、四字熟語を完成しなさい。

①［　］拝［　］拝　⑥［　］差［　］別

②［　］寒［　］温　⑦［　］石［　］鳥

③［　］攫［　］金　⑧［　］載［　］遇

④［　］書［　］経　⑨［　］臓［　］腑

⑤［　］発［　］中　⑩［　］人［　］色

問二　次の［　］内に同音異義の漢字を入れ、四字熟語を完成しなさい。

①［　］唱［　］随　⑤論［　］［　］賞

②［　］［　］一髪　⑥［　］［　］気鋭

③［　］我［　］中　⑦［　］戦［　］決

④［　］［　］酌量　⑧一［　］一［　］

問三　次の［　］内にそれぞれ反対の意味を表す語を入れて四字熟語を完成しなさい。

①温［　］知［　］　⑤空［　］絶［　］

②［　］炉［　］扇　⑥信［　］必［　］

③勧［　］懲［　］　⑦［　］耕［　］読

④起［　］回［　］　⑧大［　］小［　］

問四　次の［　］内に動物名を入れ、四字熟語を完成しなさい。

①［　］鳴［　］噪　⑦周章［　］狽
②汗［　］充棟　⑧［　］突猛進
③九［　］一毛　⑨南船北［　］
④欣喜［　］躍　⑩［　］耳東風
⑤意［　］心［　］　⑪［　］頭［　］肉
⑥［　］視眈眈　⑫［　］頭［　］尾

問五　次の［　］内に体の一部の名称を入れ、四字熟語を完成しなさい。

①阿［　］叫喚　⑧切［　］扼［　］
②異［　］同音　⑨眉［　］秀麗
③得［　］勝［　］　⑩明［　］皓［　］
④傍［　］八［　］　⑪換［　］奪［　］
⑤危機一［　］　⑫厚［　］無恥
⑥口［　］試問　⑬徹［　］徹［　］
⑦酒池［　］林　⑭粉［　］砕身

問六　次の意味の四字熟語を漢字で答えなさい。

①ぐずぐずしていてなかなか決断しない事。（　　　）
②道理に叶わない無法な言い掛かり。（　　　）
③大きなことを言い、おおぼらを吹く事。（　　　）
④情勢の変化に従い適切な対応処置をとる事。（　　　）

学科		クラス		番号		氏名	

問一 次の［　］内に動物名をいれ、諺を完成しなさい。

① 生き［　］の目を抜く

② ［　］の頭も信心から

③ ［　］に引かれて善光寺参り

④ ［　］で鯛を釣る

⑤ ［　］は甲羅に似せて穴を掘る

⑥ 窮鼠［　］を噛む

⑦ ［　］の甲より年の功

⑧ ［　］が葱を背負って来る

⑨ 木に縁りて［　］を求む

⑩ ［　］も木から落ちる

⑪ ［　］を逐う者は山を見ず

⑫ ［　］百まで踊忘れず

⑬ 大山鳴動して［　］一匹

⑭ 蓼食う［　］もすきずき

⑮ 捕らぬ［　］の皮算用

⑯［　　］の威を借る［　　］

⑰鳴かぬ［　　］が身をこがす

⑱［　　］に鰹節

⑲能ある［　　］は爪を隠す

⑳掃溜に［　　］

㉑［　　］に豆鉄砲

㉒藪をつついて［　　］を出す

問二　次の［　　］内に体の一部の名称を入れ、諺を完成しなさい。

①［　　］隠して尻隠さず

②知らぬ［　　］の半兵衛

③痛くもない［　　］を探られる

④鬼の［　　］にも涙

⑤飼犬に［　　］を噛まれる

⑥［　　］は禍の門

⑦［　　］に帆をかける

⑧［　　］に腹はかえられぬ

⑨［　　］に火をともす

⑩［　　］に衣着せぬ

⑪七重の［　　］を八重に折る

学科	クラス	番号	氏名

問一 次の名言は誰の言葉か。名前を答えなさい。

①悪法も法なり [　　]
②己の欲せざるところを人に施す勿れ [　　]
③女は弱し、されど母は強し [　　]
④来て、見て、勝った [　　]
⑤君子危うきに近寄らず [　　]
⑥サイは投げられた [　　]
⑦自然にかえれ [　　]
⑧児孫の為に美田をかわず [　　]
⑨少年よ、大志を抱け [　　]
⑩初心忘るべからず [　　]
⑪人民の、人民による、人民の為の政治 [　　]
⑫それでもやはり地球はまわっている [　　]
⑬天才とは一%の霊感と九十九%の発汗とである [　　]
⑭時は金なり [　　]
⑮人間は考える葦である [　　]
⑯人はパンのみにて生くるにあらず [　　]
⑰余の辞書に不可能という言葉はない [　　]
⑱四十歳を過ぎた人間は自分の顔に責任を持たねばならぬ [　　]

⑲老兵は死なず、ただ消え去るのみ　［　　　］

⑳我思う、故に我あり　［　　　］

問二　次の上段の諺に類似したもの、あるいは反面の真理をあらわしていると思われるものを下段から選び、記号で答えなさい。

a　君子危うきに近寄らず　［　　］　ア　羹に懲りてなますを吹く
b　医者の不養生　［　　］　イ　あばたもえくぼ
c　馬の耳に念仏　［　　］　ウ　石橋を叩いて渡る
d　瓜の蔓に茄はならぬ　［　　］　エ　犬に論語
e　奥歯に物がはさまる　［　　］　オ　河童の川流れ
f　覆水盆に返らず　［　　］　カ　好事門を出でず
g　弘法も筆の誤り　［　　］　キ　尻尾を出す
h　転ばぬ先の杖　［　　］　ク　じゃの道はへび
i　先んずれば人を制す　［　　］　ケ　せいては事を仕損ずる
j　忠言耳に逆らう　［　　］　コ　月とすっぽん
k　ちょうちんに釣鐘　［　　］　サ　鳶が鷹を生む
l　泣き面に蜂　［　　］　シ　虎穴に入らずんば虎児を得ず
m　ならぬ堪忍するが堪忍　［　　］　ス　糠に釘
n　喉もと過ぎれば熱さ忘れる　［　　］　セ　濡れ手で粟
o　暖簾に腕押し　［　　］　ソ　歯に衣を着せぬ
p　馬脚をあらわす　［　　］　タ　坊主の不信心
q　坊主憎けりゃ袈裟まで憎い　［　　］　チ　仏の顔も三度
r　骨折り損のくたびれもうけ　［　　］　ツ　弱り目にたたり目
s　悪事千里を走る　［　　］　テ　良薬口に苦し
t　餅は餅屋　［　　］　ト　こぼれたミルクを嘆いても仕方がない

学科	クラス	番号	氏名

問一 次の語句を意味の重複しない表現に直しなさい。

① 少しノイローゼ気味になるくらいでした [　　]

② 突然卒倒する [　　]

③ 決定的な決めて [　　]

④ 前途の見通し [　　]

⑤ 対米国向け輸出 [　　]

⑥ 発売開始時刻 [　　]

⑦ 調子の波に乗る [　　]

⑧ 制止を命じる [　　]

⑨ 仕事だけに専念する [　　]

⑩ 足の骨を骨折 [　　]

⑪ 歌えることができた [　　]

⑫ 言い表せられない [　　]

⑬ マイナス三キロの減量 [　　]

⑭ 主催者の人 [　　]

⑮ 引き続き続行する [　　]

問二 次の文を、同じ語句の重複しない表現に直しなさい。

① そのような事をする事はできない事と思っている。

② 彼の家の複雑な事情から、自分の意志を貫きがたいという事情がある。

③ 最近の円安で石油会社は円安による負担を大きく受けている。

④ 学生の側の問題として、その問題に取り組む気があるかどうかという問題がある。

⑤ この行事は五年前に始まったのに、今回は新年度が始まっても責任者が決定せず、夏休みが始まって始めて、準備委員会の活動が始まった。

学科		クラス		番号		氏名	

問一　次の慣用句について、用語の誤り、または不適当な語句があればその箇所に傍線を引き、括弧内に正しい用語を書きなさい。

① 愛想をふりまく　[　　]

② 青田刈り　[　　]

③ 明るみになった　[　　]

④ 頭をかしげる　[　　]

⑤ 蟻の入り込む隙間もない　[　　]

⑥ 怒り心頭に達した　[　　]

⑦ 生き馬の毛を抜く　[　　]

⑧ せざる得なくなる　[　　]

⑨ 押しも押されぬ　[　　]

⑩ かけがいのない　[　　]

⑪ 汚名挽回　[　　]

⑫ 女手一人で育てた子　[　　]

⑬ 反対者は過半数を超えた　[　　]

⑭ 期待倒れ　[　　]

⑮ 木で花をくくる　[　　]

⑯どうしもすることができない [　　]
⑰始めから意味込みが違う [　　]
⑱草木もなびく丑三つ時 [　　]
⑲櫛の歯が抜けるように [　　]
⑳苦汁を味わう [　　]
㉑口先三寸 [　　]
㉒けんけんがくがく [　　]
㉓公算が強い [　　]
㉔古式豊かに [　　]
㉕最期に笑うもの [　　]
㉖さいさきの悪い話 [　　]
㉗下降の一手をたどる [　　]
㉘時機を得た行為 [　　]
㉙死中に活を得る [　　]
㉚射程距離にはいる [　　]
㉛白羽の矢を当てる [　　]
㉜酸いも辛いも噛み分ける [　　]
㉝精魂尽きる [　　]
㉞死亡者は三百人に達した [　　]

学科		クラス		番号		氏名	

問一　高校時代に体育大会の百メートル競走に出場した時の思い出を、a～jの材料で書くとする。その場合、a～jの材料をどのように並べるとわかりやすい文章になるか。並べかえて構成しなさい。

a　クラスメイトたちのいっそうの期待。
b　予選の様子。
c　決勝の様子。
d　大会前の緊張と不安。
e　現在の気持ち。
f　結果は三位だったこと。
g　予選の思わぬ好記録。
h　百メートル走に出場することになったいきさつ。
i　敗りへの反省と満足感。
j　決勝への自信。

問二　下の地図の矢印に従って、JR駅から本社まで歩く場合の道順を書いた。正しい順序になるように、次のa～kまでの各文を並べかえなさい。

a　駅から北東方向へ約五百メートル、所用時間は六、七分です。
b　次の交差点の角に病院があります。
c　両側に公園の木々が生い茂る道です。
d　本社の前の歩道橋を利用してお来し下さい。
e　デパートの前のT字路を右へ行きます。
f　すると、次の交差点の角に市役所がありますので、そこを右に曲がります。

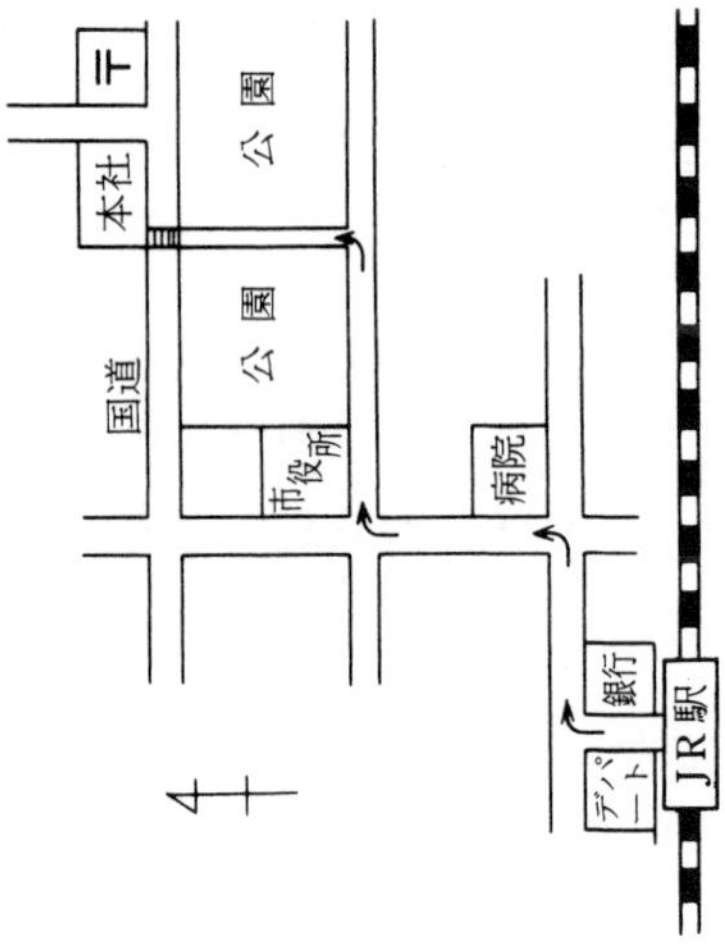

g　駅の北口を出ると左側にデパートがあります。

h　その道を通り抜けると、四車線の国道につきあたり、正面に本社が見えます。

i　五十メートルほど歩くと左側に公園が見えてきます。

j　その病院の角を左に曲がります。

k　公園に沿って百メートルほど歩くと、公園の中を通る道が左側にあります。

※（発展問題）

自宅から学校までの道順を、交通手段などに留意しながら説明しなさい。

問三　次のａ～ｋまでの各文は、「気晴らし」という題の作文をバラバラにしたものである。論旨がよく通るように並べかえなさい。さらに、それらを、起・承・転・結に区分しなさい。

a　彼らは同じ道を走っている人や沿道の人々の危険や苦痛を考えたことがあるのだろうか。

b　「毎晩ごくろうさんだなあ」と思いながら、彼らの精神構造がどうなっているのかと考えてしまうことがある。

c　まわりの人々が共感するような「気晴らし」を何とか自分たちで見つけてほしいものだ。

d　新聞によると、彼らになぜ暴走するのか尋ねたところ、最大の理由は「気晴らし」だそうだ。

e　同じ世代として、私はそこまで悪くは受けとりたくない。

f　今夜もまた家の前の道路を暴走族が行きかっている。

g　何らかの形で「気晴らし」したいと思うこともある。

h　だから、彼らの自分勝手と、若いエネルギーの無駄使いが残念でならない。

i　しかし、その「気晴らし」のために多くの人々に迷惑をかけてもよいとは思わない。

j　それとも、人々に苦痛を与えることを「気晴らし」と考えているのだろうか。

k　確かに、彼らに限らず私にも毎日さまざまなストレスがある。

（起承転結の区分を矢印で示すこと）

学科		クラス		番号		氏名	

問一　次の文章から、五W一Hにあたる部分を指摘しなさい。（必ずしもすべてがそろっているわけではない。）

(a)ある日の暮れ方のことである。一人の下人が羅生門の下で、雨やみを待っていた。

(b)東京都は十一日、日本一の超高層ビルとなった西新宿の新都庁第一庁舎の内部を十四日に、報道陣に事前公開することに決めた。同庁舎は五日に上棟式を終えたばかりだが、「千坪の知事室」などと雑誌などで批判されたことから、急きょ、工事を一時中断して公開することになった。

問二　次の(a)～(c)にあげた㋐～㋕までの内容をすべて含んだ文章を、二～三文で作りなさい。その場合、適当に言葉を補ったり、省いたりしてよい。

(a)㋐七月二十六日のことである。　㋓私はヒットを三本打った。

㋑熱田球場で高校野球の準決勝があった。　㋔私は九回にエラーをした。

㋒私は一塁手で三番で出場した。　㋕私のエラーで三対二で負けた。

(b)㋐三年前の夏のことである。
㋑奥三河へ友人とアユを釣りに行った。
㋒偶然アユ釣りの名人に会った。
㋓彼は友釣りのコツを教えてくれた。
㋔その日は三十尾釣れた。
㋕これまでにない大漁だった。

(c)㋐三月中旬のことである。
㋑アメリカから会社に視察団が来た。
㋒彼らは工場を見学した。
㋓彼らは能率的な作業に感心した。
㋔彼らは現場の労働者にいろいろ質問した。
㋕彼らは大切なものを得たようだ。

学科	クラス	番号	氏名

問一 次の文章を、五W一Hを考慮して要約しなさい。（ⓐは五〇字以内、ⓑは八〇字以内で、重要事項のみを取り出すこと。）

ⓐ 三月二十一日午後八時三十分頃、名古屋市中区錦三丁目の市道交差点で、信号待ちをしていた同市千種区今池四丁目に住む会社員Aさんの乗用車に、同市中村区名駅三丁目に住む団体職員Bさんのライトバンが追突した。Aさんの車には他に同僚二人、Bさんの車には同僚三人が乗っていたが、幸い双方にケガ人はなかった。警察の調べでは、Bさんのワキ見運転に原因があったらしい。

ⓑ 一雨ごとに寒さもやわらぎ、次第に春めいてまいりました。先生には今年もお忙しい毎日をお過ごしのことと存じます。

さて、卒業式を三月二十日に控えて、この六日に市民ホールで私たちの学校の「卒業演奏会」が行われます。同封のプログラムにありますように私も一曲演奏することになりました。私にこの道を勧めて下さった先生にはぜひ聴いていただきたく思い御案内申し上げました。当日の御都合はいかがでしょうか。もしよろしければ両親がお迎えに上がりますので、どうか御都合のほどお聞かせ下さい。尚、当日は先生もよく御存知の、同級生だった鈴木さんと伊藤さんも来て下さる予定です。どうぞお気軽にお越し下さいますようお願い申し上げます。

末筆ながら、いっそうの御健勝をお祈り申し上げます。

※（書簡体であるが、それにとらわれずに用件のみを要約すること）

問二　次の文章の要旨を一〇〇字以内でまとめよ。

車　検

僕の愛車は、ギャランの五十九年型です。そうです。今年でちょうど十年目。年式が十年を越えたクルマは、車検を毎年受けなければなりません。そうなっては費用の方が大変なので、彼の命も当然今年いっぱいとなるでしょう。

クルマも十年を経ると、雨漏りがしたり塗装がはがれたりして、かなり見栄えが悪くなってきます。でも乗るだけなら、まだ四～五年は大丈夫なのではないかと思います。

本来クルマというものは、移動のためだけの道具で、いわばゲタと同じです。でもゲタなら、定期的に検査に出さなくても、必要となればその人の意志で修理をし、はけなくなるまで使うことができますが、クルマはいくら部品が新しくても、ある年限がくれば車検に出さなければなりません。その度に、部品代以外のお金をガバッと取られます。

車検とは一種の税金なのかもしれません。昔風に言うなら通行税でしょう。もし、事故防止のためだけなら、余分なお金を取ることは許せません。それに、「安全にクルマを運転できるよう、点検や部品交換をしなさい。」と言うのなら、それはクルマを持つ人の良識に任せるべきだと思います。車検を法的に義務づけることは、日本人の非常識さを公表しているようなものです。

世間では、省エネ省エネと政府をあげて運動しておりますが、車検などと言うものは省エネ時代には全く無用なものです。解体場には、まだ乗れそうなクルマが山積みにされています。全くもったいない話です。

クルマの調子がおかしくなったら、自ら進んで点検に出し、古くなった部品も取り換え、なるべく長く使う方が、資源の少ない我国には有益なのではないでしょうか。

学科		クラス		番号		氏名	

問一　次の文章の文脈や段落に注意して、（　）の中の言葉を適切な敬体表現に変え、その右側に訂正しなさい。

我が受験の記

私の受験生としての始まりは、進路の選択からでした。

高校三年生の一学期、私は就職か進学かという二つの道のどちらかを選ばねばならない立場に立って（いる）。工業高校出身ということで、普通科の人に比べると、一般教養科目の学力の差が著しく劣っていたのです。だから、大学に入ってから講義についていけるかなどと、いろいろと（悩む）。

こうして悩んでいる時期に、大学に行っている先輩に出会いました。その先輩はA工業大学の四年生（だ）。私はその先輩に勉強のことや私生活のことについて、いろいろと（質問する）。その時、返って来た先輩の言葉は、確かに辛いが、やれば必ずできる、というものでした。私は先輩の言葉を信じ、進学することに（決める）。

それからしばらくして、夏休みの直前に、良いニュースが私の所に飛び込んで（来る）。それはA工業大学からの推薦の受験生募集の話でした。その時少し（迷う）が、先生や家族の応援があって、受験することに決めました。試験科目が面接だけだったので、夏休みは新聞を読んだりして面接の日に（備える）。そして数ヶ月が経ち、受験の日がやってきました。面接は高校受験の時に（経験している）が、後が無いと思うと緊張だけは（解けない）。結局は面接もうまくいき、何とか合格することができました。

まだ入学してから数週間しかたって（いない）が、今のところ、私が選んだ道は間違っていなかったと（思う）。これからも応援してくれた先生や両親に感謝して頑張っていくつもりです。

問二　次の文（森鷗外「毒舌」より）を現代の和文体に直しなさい。

1愛せらるること最深き女子は、敬せらるること最至れる女子にかぎらず。

（　　　　）

2女子と女子との間には、休戦ありて和睦なし。

（　　　　）

3植物世界には希に虫を捕る草あり。女子の間に詩人あるもこの類ならむ。

（　　　　）

学科	
クラス	
番号	
氏名	

問一　次の①から⑦の文を主語に注目して正しく直しなさい。

①この話を読んで最初に思った事は、現代の日本で物を粗末にしすぎることを訴えているのだと思う。

②自分に一番合う方法を見付けることが、何事にも共通して言えると思う。

③秋はいろいろなものが淋しく悲しい事が起こるような気がする。

④私はあまり読書をする方ではありませんが、やはり、一冊の本の中には、自分自身で考えることとは違っています。

⑤この本を読んで第一に感じたことは、やはり、戦争とは、絶対してはならないものだと思った。

⑥劉備の遺言は、「自分の子を助けてほしい。もし助けるに値しなければ、孔明、あなたに皇帝になってもらいたい。」と言って死にました。

⑦私は昔、車と相撲をとって、死にそうになった事が、今まで起こった事の中で一番印象深い出来事です。

学科	クラス	番号	氏名

問一　次のa・b・cの三つの文は、主語に付く助詞「は」「が」「の」が違うだけである。どの文が正しいか。又、意味がどのように違うか説明しなさい。

a　高校三年生は補習授業の時にも全力を尽くせ。

b　高校三年生が補習授業の時にも全力を尽くせ。

c　高校三年生の補習授業の時にも全力を尽くせ。

問二　次の①〜④の（　）に適する助詞を入れなさい。

①私（　）もっと大きいの（　）欲しいと思った。

②貴方（　）心（　）広い人ですね。

③空港には多くの土産を大切に抱えた帰国労働者（　）あふれていた。

④僕（　）、この作品を読んで感じたこと（　）、主人公の強い体力と精神力でした。

問三　次の①～③の（　）に「は」の入る場合と、「が」の入る場合とで、傍線の主語に対応する述語が変ってくる。対応する述語をすべて書きなさい。また、それぞれの文の最も重要な主語を書きなさい。

①私（　）家を建てるために、ボーナスをほとんど貯金した。

「は」の場合　述語［　　］・主語［　　］

「が」の場合　述語［　　］・主語［　　］

②父（　）フランスにいる間に、論文を書きたいと思っている。

「は」の場合　述語［　　］・主語［　　］

「が」の場合　述語［　　］・主語［　　］

③彼（　）約束の場所に着いた時、財布を忘れたのに気づいた。

「は」の場合　述語［　　］・主語［　　］

「が」の場合　述語［　　］・主語［　　］

問四　次の①～⑤の（　）に「は」か「が」を入れなさい。両方入る場合には、それぞれ、意味・状況がどう違うか説明しなさい。

①「ここから御嶽が見えますか。」「はい、あれ（　）御嶽です。」

②「学割（　）欲しいんですが。」「これ（　）申込書です。名前と行先・枚数を書いてください。」

③「○○大学（　）どこにありますか。」「はい、○○大学（　）丘の上にあります。」

④母（　）危篤で、急に帰省することになった。

⑤鈴木さんのお父さん（　）高校の先生です。

説明

学科	
クラス	
番号	
氏名	

問一　次の文は、このままでは意味が二つ以上考えられる。それぞれの意味について、意味が正確に伝わる文に訂正しなさい。

①兄は弟のように賢くない。

（　　　）

（　　　）

②あの夜、私は泣きながら花火をしている子を見ていた。

（　　　）

（　　　）

③美しい恋人の母がやって来た。

（　　　）

（　　　）

④子供たちのかわいがっていた花子ちゃんの犬が死んだ。

（　　　）

（　　　）

⑤この物語により一層興味が湧いてきた。

（　　　）

（　　　）

問二 副詞の呼応に注意して、次の（　）に適当な言葉を入れ、文を完成しなさい。

① 今日の試験はさっぱり（　　　）。

② もし核戦争が（　　　）、地球は多分（　　　）。

③ 仮にそれが事実で（　　　）、彼に悪意があったと
はとても（　　　）。

④ よもや彼が来ることは（　　　）。

⑤ 仲秋の名月はまるくてちょうど（　　　）。

⑥ のどかな車窓の景色はまるで（　　　）。

⑦ 命が惜しければ決して他人には（　　　）。

⑧ どうして早く（　　　）。

⑨ どうかして最後まで（　　　）。

⑩ 合格できたとは、さぞ彼も（　　　）。

学科	クラス	番号	氏名

問一 次の文を、並列表現に注意して、文意の明瞭な文に直しなさい。

①私は生徒会代表として、生徒指導の先生と校長先生を訪ねた。

（　　　　　　　　）

②社会教育を専攻してきた人とか公民館活動に情熱を持っている人を望む。

（　　　　　　　　）

③私は琴も弾けるし、笛を吹く。

（　　　　　　　　）

④気付いた時には、先生も先に帰り、残っているのは僕と友人二人だけだった。

（　　　　　　　　）

問二　重複に注意して次の文を直しなさい。

①小学校四年生の時、引っ越したので、あまり友達と野球の試合などは前ほどやらなくなってしまった。

（　　　　）

②高校でのクラブ活動は、ほとんどの者が中学の時入っていた部を継続する者が多かった。

（　　　　）

③私は今までに幾つか戸惑ったことが沢山あるが、中でも印象深いのは母の故郷へ一人旅をした時に起ったことです。

（　　　　）

④僕はよく先生に叱られてばかりいた。

（　　　　）

⑤天下を手中に収めた曹操は次々と自分に従わない者を「朝廷に対する反逆者」として次々に殺していった。

（　　　　）

学　科	クラス	番　号	氏　名

問一　挿入文に注意して文脈の分かりやすい句読点表記、又は直接話法表記に直しなさい。

①これは本当の思いやりとは何でしょうか。ということを一番考えさせられる本です。

②ある日父は一緒にならんでみようと声をかけてきました。ならんでみるともう父とあまり差がありませんでした。

③母はこれじゃないのとある塗り薬を出して言った。私がこれでいいのと聞くと、母は自分で見てくれ、最近細かい字が見えなくなってきた。と深刻そうに言った。

問二　次の文は読点の打ち方によって意味が違ってくる。それぞれの打ち方をしなさい。

①きみはしらないのですか。

（　　　　　　　　　　　　　　）
（　　　　　　　　　　　　　　）

②彼女は会社にはいらない。

（　　　　　　　　　　　　　　）
（　　　　　　　　　　　　　　）

③五と六の二倍はいくらですか。

（　　　　　　　　　　　　　　）
（　　　　　　　　　　　　　　）

④鬼ごっこで全力で逃げ回る相手を追いかけたこともあった。

（　　　　　　　　　　　　　　）
（　　　　　　　　　　　　　　）

⑤白い籠の中の鳥が歌っている

（　　　　　　　　　　　　　　）
（　　　　　　　　　　　　　　）

学　科	クラス	番　号	氏　名

問一　次のダラダラ文を歯切れの良い幾つかの短文に直しなさい。

①　私は短大へ行こうと思っていたので、二教科しか勉強していなかったので、四年制大学となると社会科も勉強しなくてはならないので、受験まで四ケ月という時点から、フルスピードで勉強することになった。

②　以前を思い起こせば、幾つかの後悔の念が私を襲ってくるような気がして、勉強に関しての過去は、あまり振り返らず、次の新しい事柄に、一生懸命向かっていこうと決心したのは、つい最近のことだ。

③　高校三年の春から受験勉強を始めましたが、六月にある体育祭のために一時的にしなかったけれども、勉強をしなかった分いい体育祭が出来たと大いに満足しています。

④　応援してくれた両親や先生には悪いのですが、この学校に入ったことを後悔していますが、これからの生活で、この学校で良かったと思えるような生活を送りたいと思っています。

⑤　僕の出身校は進学校ではなく、大部分の人が専門学校に入ったり就職したりしてしまうので、学校全体が大学を受験するという環境ではなかったので、ほとんど勉強はしませんでした。

⑥　僕は高校時代を通じて、あまり勉強をしませんでした。あまりしなかったのであって、全くしていなかったのではなくて、特に高校二年の頃は、かなり気合を入れてやっていました。

学科		クラス		番号		氏名	

問一　次の表の空欄に入る言葉として最もふさわしいものを後の〔　〕の中から選び、空欄に記入しなさい。

原形	尊敬語	謙譲語
会う	お会いになる	
与える		
言う		
行く・来る		
思う	お思いになる	
聞く	お聞きになる	
する		
食う・飲む		
見せる	お見せになる	
見る		

〔申す・参る・いたす・下さる・なさる・拝見する・拝聴する・いただく・存ずる・召し上がる・ご覧になる・差し上げる・おっしゃる・お目にかかる・お目にかける・いらっしゃる〕

問二 次の①～⑩はいずれも敬語の用法が間違っている。正しい表現に改めなさい。

① 明日おいでの時に、印鑑をご持参下さい。

② お客様の申されるとおりでございます。

③ 皆さんお元気でございますか。

④ どうぞお菓子をいただいて下さい。

⑤ 先生はこのことを存じていらっしゃいますか。

⑥ お子さんに差し上げてください。

⑦ そのことを誰からうかがいましたか。

⑧ お顔の色が優れませんが、どうかいたしましたか。

⑨ 今度のご旅行は、関西方面に参られるそうです。

⑩ ○○様は、ここにはおられません。

学科	
クラス	
番号	
氏名	

問一 次の①～⑤はいずれも敬語の用法に誤りがある。それぞれの訂正例を参考にして、敬語の誤用とする理由を説明しなさい。

① ご紹介してくださった〇〇氏に、昨日会ってまいりました。

〈訂正例〉ご紹介下さった〇〇氏に、昨日会ってまいりました。

② 〇〇駅までの道筋をお教えしていただきたい。

〈訂正例〉〇〇駅までの道筋を教えていただきたい。

③ しばらくお待ちしていただきとう存じます。

〈訂正例〉しばらくお待ちいただきとう存じます。

④ 足元にお気をつけてください。

〈訂正例〉足元にお気をつけください。

⑤ 皆様の中に、ご欠席になられる方はございますか。

〈訂正例〉皆様の中に、ご欠席なさる方はいらっしゃいますか。

問二 次の①〜④を後のA・B・Cの場合に適った敬語表現に直しなさい。

① 明日来ると言った。

A

B

C

② 寝る前に薬を飲む。

A

B

C

③ 北欧の白夜を見に行きたいと思う。

A

B

C

④ 来週の金曜日に出発することにした。

A

B

C

A 自分や家族のことを、目上の人に言う場合

B 目上の人のことを、目下の人や友人に言う場合

C 目上の人のことを、他の目上の人に言う場合

学科	クラス	番号	氏名

問一　左の原稿用紙に書かれた文章で、原稿用紙の使い方の不適切な箇所を指摘しなさい。

「私の自画像」
山田太郎
私は13歳の頃、鏡に映った自分の顔を見るの
がひどくいやであった。　それは、鏡の中に
、私のことを知りつくしたもうひとりの私が
いて、「お前の考えていることなど全部お見通
しだぞ」。と言っているような気がしたからで
ある。　たぶんその時から、人と人との間に
生きている自分という人間を意識し始めたの
だと思う。
『偽善』ということについて考えたのもらよ

①
②
③
④
⑤
⑥
⑦
⑧

問二　次の原稿用紙に書かれた文章の中で、訂正すべき箇所を校正の記号を使って訂正しなさい。

No. 1

　「潮騒」を読んで
この本を私は読む前に、以前、山口百恵と三
浦友和が主演した映画を見たことがある。
だから映画を思いだして大変面白く読むこ
とができました。

　もとも感動したのは新治が嵐の中を泳いで
ブイにロープを結びに行く場面であった。素
朴で純情で、気力があって、いかにも島の若
者らしいところがよかった。その新治の勇気
は、恋人である初江のやさしさと応対してい
る。　初江は島と乙女らしいやさしい娘であ
る。

　あわび採競走のあとで新治の母に対してと
った初江の体度によくそれが表われていた。
登上人物も皆いい人ばかりで、本当に美しい
物語であった。ところで、なぜこれほどまで
に人々の心の美しさに感動してしてしまうの
だろうか。私はそこに現代の日本人のモラル
の底下があるからだと思う。他人に対する思
いやりの心が今ほど希溥な時代はないような

20×20

学　科		クラス		番　号		氏　名	

問一　次の語句をそれぞれ縦書きにしなさい。

(a)　生徒数1580名　　(d)　電話（052）338―7411

(b)　中区栄３―５―28　　(e)　昭和58年６月30日

(c)　午前10時45分

問二　次の文章を原稿用紙に丁寧に書き写しなさい。

〈タテ書き〉

文章を書き表すための知識やテクニックだけを身につけていても、それだけではよい文章は書けない。基礎的な力の蓄積の上に、真実を求める鋭い目と、人生への真剣な取り組みが要求されるのである。「文は人なり」という名言の意味するところもそこにある。

〈ヨコ書き〉

昨今、クレジットカードの普及にはすさまじいものがあります。中には一人で二十枚も持っている人もいます。しかし、その一方で支払い不能となって「破産」する人の数も確実に増えていて、社会的にも問題となっています。

学科		クラス		番号		氏名	

問一　頭語と結語とには、表現の丁寧さの程度による対応がある。次の表の〈　〉に入る言葉として最もふさわしいものを後の〔　〕の中から選び、〈　〉に記入しなさい。

	頭語	結語
普通に敬意を表す場合	〈　〉・啓上	〈　〉・拝具
丁重さを要する場合	〈　〉・粛啓	〈　〉・謹具
いきなり用件に入る場合	〈　〉・冠省	〈　〉・不一
返事の手紙の場合	〈　〉・復啓	〈　〉・拝具
特に急ぐ場合	〈　〉・急白	草々・〈　〉
同じ用件で再度書く場合	再啓・〈　〉	敬具・〈　〉

〔前略・拝具・急啓・不一・敬白・草々・敬具・追啓・拝復・謹啓・拝啓〕

問二　次の文章は、雑誌の記事について問い合わせる手紙である。□に適切な文字を一字ずつ補いなさい。

□□　月刊「スーパーランド」を毎号愛読させていただいております。

貴□五月号の記事について、次のことをお教えください。

・二十四ページのグラビアで外国人モデルの着用しているジャケットのメーカーと価格。

・七十五ページで紹介されているロック・グループの連絡先、もしそれがだめでしたら、今後の公演日程。

以上の二点です。ご□□のところまことに恐縮ですが、□□の葉書でご返事がいただければ□□です。

□、ご照会まで。

草々

学　科	クラス	番　号	氏　名

問　次の①～⑱が時候の挨拶となるように、□に春・夏・秋・冬のいずれか一つを記入しなさい。

① 厳（　）の寒空に身も縮む思いです。
② 木犀の香りに（　）の深まりを覚えます。
③ 梅のほころびが（　）の訪れを告げております。
④（　）の足音も聞こえ、柳も芽吹いてきました。
⑤ 入道雲の高さが（　）を謳歌しているようです。
⑥ さつきの赤がいかにも初（　）らしい明るさです。
⑦ 裸になった木々に（　）の訪れ近いのを感じます。
⑧ 読書の（　）、文庫本を一週間で三冊読みました。
⑨ 寒明けから、かえって（　）が逆戻りしたようです。
⑩（　）は名のみで、底冷えのする日が続いております。
⑪ 台風一過、抜けるような青空に（　）の到来を感じます。
⑫ 長雨が続き、（　）本番が待ち遠しい今日このごろです。
⑬（　）将軍にどっかり居座られ、身動きさえままになりません。
⑭（　）も終わりに近づき、虫の音が聞かれるようになりました。
⑮ 道に散り敷く落ち葉にも（　）の終わりがささやかれるようです。

⑯　水ぬるむ（　　）、川の流れも日ごとに速さを取り戻しております。

⑰　立（　　）の声は聞きましたものの、残暑のしつこさ、うらめしい限りです。

⑱　木枯らしが吹くたびに、景色が（　　）の色に塗り変えられてまいりました。

学科		クラス		番号		氏名	

問一

A　次の文章は緊急放送の原稿です。聞き手にとってさらにわかりやすくなるよう直しなさい。後に示すア～キの要素を手がかりにして、語の順序や表現も考えてみなさい。

> 小中学校のみなさんは、登校する時間になりましたが、ただ今、大雨洪水注意報が、大雨洪水警報になりました。しばらくの間、登校を見合わせ、解除になり次第すぐに登校できる準備をして、自宅で待機していてください。

ア　登校する時間になりました。

イ　大雨洪水注意報が、大雨洪水警報になりました。

ウ　大雨洪水警報が発令されました。

エ　しばらくの間、登校を見合わせてください。

オ　解除になり次第登校できるよう準備をしていてください。

カ　自宅で待機していてください。

キ　小中学校のみなさん。

B　次の話を、結論、要点から話すように注意して直してみよう。

① 私の趣味といっても、以前は、魚釣りやラジコンなんかにとても凝って、かなりのお金を遣ってきた覚えがたくさんありましたが、今では、そういったものには関心がなく、全然やっていません。

② 僕の趣味は読書ですと言えるほどたくさんの本を読んだわけではありませんが、最近では、よく本を読むようになりました。

③ 今日は、雨が降りましたので、行こうかどうしようか迷ったのですが、A君がどうしても行こうと言いますので、それでは行こうか言いましたら、S君が、雨が降っては、行っても仕方がないと言いましたので、A君を説得して、来週行くことにし、工場見学はやめたのです。

学科	クラス	番号	氏名

問二　次の話を読んで、後の問いに答えなさい。

> 私自身不肖ではありますが、このたび、研修委員会会長を務めさせていただくことになりました。大変重要な仕事を私のようなものがいたしましたのでは、皆様方にご迷惑をおかけするだけだとは存じますが、精一杯努めて参りたいと存じますので、どうかよろしくお願いいたします。
> さて、今年は、皆さまのご希望に添えないこともあるとは思いますが、まず、研修会を通して、会員の皆さまに多数参加していただき、講師の先生の話はもとより、活発な意見交換をしていただけるよう、講師とのパイプ役になり、楽しく有意義な研修会にしたいと思っています。

①　この話には、いわゆる言いわけがとても多い。その言いわけ部分をすべて抜き出しなさい。

② 言いわけ部分を抜き出した残りの部分だけで、一つの話にしてみよう。

③ ②で作った話を短文に区切り、聞きやすい話にしてみよう。

学科	クラス	番号	氏名

問一　次の各文の、カタカナ部分の漢字として当てはまるものを、すべて、漢字群の中から捜して書きなさい。

① 兄は、一足先にキキョウした。（　　　）
② ソウゾウリョクを豊かにしよう。（　　　）
③ カンパイした人たちは、涙ぐんだ。（　　　）
④ 彼は、キチョウした。（　　　）
⑤ 先日、母は、ヒロウした。（　　　）
⑥ 作家A氏のキコウはいつですか。（　　　）
⑦ 先生のイシは、子供たちにわからなかった。（　　　）
⑧ ショウカイを依頼された。（　　　）
⑨ 親のイコウを無視する。（　　　）
⑩ 私のキョウリをお話しましょう。（　　　）

疲労	帰郷	意向	帰京	照会	帰朝
寄稿	創造力	郷里	想像力	威光	披露
意志	乾杯	帰港	完敗	胸裏	起稿
紹介	記帳	意思	帰庁	遺志	寄港

問二　次のカタカナの語を漢字に直すとしたらどれが良いか。適当なものを、漢字群の中から選び、記号で答えなさい。

① ウンチク（　　）　⑥ シュコウ（　　）
② カイコウ（　　）　⑦ ソクブン（　　）
③ コウカン（　　）　⑧ ライラク（　　）
④ コウシ（　　）　⑨ ハクビ（　　）
⑤ ゴビュウ（　　）　⑩ ムゲ（　　）

ア 白眉	イ 首肯	ウ 仄聞	エ 巷間	オ 蘊蓄
カ 無碍	キ 邂逅	ク 嚆矢	ケ 磊落	コ 誤謬

問三　次のカタカナの語を漢字に直すとしたらどれが良いか。適当なものを、漢字群の中から選び、記号で答えなさい。

① エンテンカツダツ（　　）
② キエンバンジョウ（　　）
③ ガイジュウナイゴウ（　　）
④ ケイキョモウドウ（　　）
⑤ ジュクドクガンミ（　　）
⑥ セイコウウドク（　　）
⑦ ヒヨクレンリ（　　）
⑧ ハクインボウショウ（　　）
⑨ ヨウトウクニク（　　）
⑩ リガイトクシツ（　　）

ア 軽挙妄動	イ 羊頭狗肉	ウ 博引旁証	エ 気炎万丈	オ 比翼連理
カ 利害得失	キ 円転滑脱	ク 熟読玩味	ケ 外柔内剛	コ 晴耕雨読

学科		クラス	
番号		氏名	

問一　よく使う略語を書き出してみよう。また、その略語の元の形の語も書いてみよう。

略語	元の形の語
（例）ゲーセン	ゲームセンター
クリソー	クリームソーダ
車校・自校	自動車学校

問二 次のカタカナの語を、それぞれの意味に従って、漢字に直しなさい。

① アイセキ
惜しんで大切にすること。
人の死を悲しみ惜しむこと。

② イケン
考え。思うこと。
他と違った意見、異存。

③ イドウ
地位、勤務が変わること。
場所を移ること。

④ オンジョウ
思いやりのある心。
いつくしみ。恩愛の心。

⑤ カギョウ
家の職業。
生活費を得るための仕事。

⑥ カンシン
物事に感服すること。
興味を持って注意すること。心に掛けること。

⑦ キョウソウ
勝負・優劣を争うこと。
走る速さを競うこと。

⑧ コウトウ
口を使って述べること。
口で答えること。

⑨ ショヨウ
用事。用向き。
必要なこと。

⑩ ソウギョウ
事業を新しく始めること。
機械などで仕事をすること。

学科	
クラス	
番号	
氏名	

学科		クラス		番号		氏名	

1 110

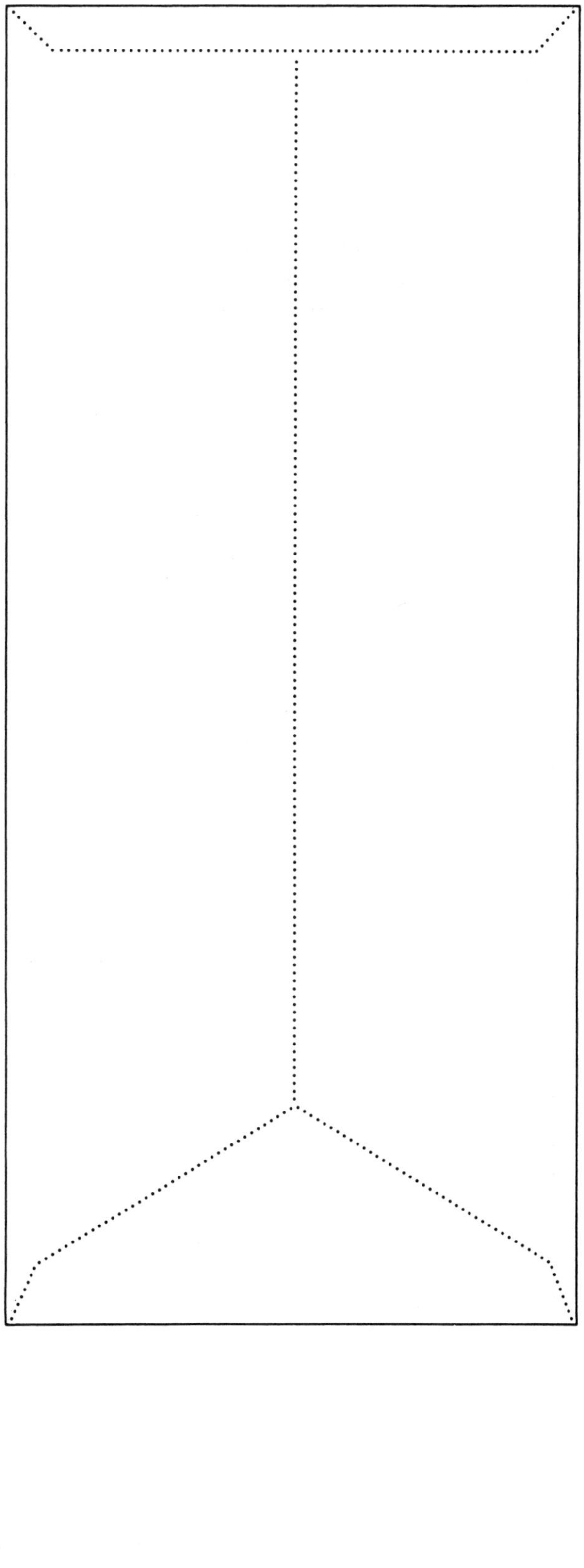